恋する東京

東京デートガイドブック

kvina

―― すべての東京デートに捧ぐ。

わたしたちには
もっとデートが必要です。

デートとは恋をするためのもの。
女の子の、男の子の、大人の、子どもの、年を重ねた人の、
あらゆる人のものであると、わたしたちは考えます。
恋人と、家族と、友達と、出会ったばかりの人と、まだ知らない人と、
どんな相手とも、ふたりで一緒に街を歩けば、そこにはデートが生まれます。
本を開けば、映画を観れば、音楽が聞こえれば、
そこにはデートが見つかるでしょう。
デートには、ルールなんてないはずです。
わたしがわたしの、あなたがあなたのデートをするために。

この東京の街では今日も、山手線は1時間ほどで1周し、
渋谷のスクランブル交差点では信号が変わるたびに
3000あまりの人たちがすれ違い、
東京ミッドタウンのエレベーターは
毎分480メートルほどの速さで上昇しています。

雨の日も、風の日も、嬉しい日にも、哀しい日にも、
ひとりの日にも、この街は光に満ちあふれています。
こんにちは、わたしたちのデート。

ここにある、あたりまえの風景にさえ、恋するように。
見たことのないものを見たい。
食べたことのないものを食べたい。
知らないことをもっと知りたい。
手をつなぎたい。
人ごみを駆け、ビルの谷間を抜けて、愛しあおう。

こんにちは、わたしたちのデート。
これがわたしたちの東京デート宣言。

六本木ヒルズ展望台
東京シティビュー

六本木ヒルズ森タワー52階、海抜250メートルから東京
の街を360度、一望できる展望台シティビュー。天
気などによっては、屋上にあたるオープンエアの「ス
カイデッキ」へのぼることができます。風を感じ、手
を伸ばせば、ほら、東京の街は、東京の空はもうすぐ
そこにあるのです。

*改修工事のため2015年4月28日まで休館中、同月29日より
リニューアルオープン
入館料：一般 通常￥1,800（スカイデッキ 追加￥500）
東京都港区六本木6-10-1 六本木ヒルズ森タワー52F
TEL：03-6406-6652
http://www.roppongihills.com/tcv/jp/
→ MAP P124-16 ⑥

目次　2　わたしたちの東京デート宣言

9　準備編
10　デートの前にしておきたい10のこと
12　若草物語　四姉妹のデート準備と待ちあわせ

23　実践編
24　ローマの休日 in 銀座
32　ボニー＆クライド　愛の逃避行
38　アダムとイブ　楽園の収穫祭
46　東京の雨に唄えば

57　告白編
58　ラブレターラブ
60　みんなのラブレター
64　ラブレター ABC
66　番外編　手旗信号でラブレター
68　プレゼント大作戦、ハートを掴め！
72　記念日　夢のスイートテーブル

79　応用編
80　○○とデート
88　秋葉原　恋する惑星
98　ホテルパラダイス
102　夜の美術館
112　ベッドのなかの千夜一夜物語

117　資料編 東京デートマップ

コラム
44　コーヒーと音楽
54　レストラン世界一周
56　kvina's バッグとポーチ
78　kvina's バレンタイン
86　四季のスポーツランデブー
96　巨匠と一杯

116　おわりに

付録
［綴込冊子］
Let's Make Love!

カバー撮影地：東京シティビュー　スカイデッキ

＊本書に記載する価格・料金はすべて2015年2月現在のもの、消費税込みの表示です。

CHAPTER 1

準備編
Preparation
PRETIGO

デートは、デートの待ちあわせの時間なんかより、
もっとずっと前からはじまっています。
ひとりきりで過ごす冷たい夜も、
これからはじまるデートのための大切な準備の時間。
待ちあわせ場所はどこにする？
どんなおめかしをしたらいいかしら？
すっかりパンツだけの格好になって
鏡の前に立ってみるのもいいでしょう。
背伸びをしたっていいでしょう。

本を開けば、そこにはだれかの恋の物語が、ヒントがあるはず。
たっぷりの空想とともに、
あたたかなベッドで眠れば、必ず朝はやってきます。
命短し恋せよ乙女とはいうけれど、
乙女であろうとなかろうと、わたしたちの人生は長いから。
ほらね、いつだって笑顔の準備は抜かりなく。

デートの前にしておきたい10のこと
Ten things to do before a date.
Dek aferoj por fari antaŭ rendevuo.

1
さあ、ベッドから起きだし
窓を開け
朝の空を見あげてみましょう

太陽はどこにあるでしょう
晴れでも雨でも曇りでも
特別な1日のはじまりです！

2
コップ1杯の
おいしい水を飲みましょう

ゆったりと心をしずめてくれます

3
お気に入りの詩集が
あるなら、開いて、声に
だして読んでみましょう

本のなかの言葉は
なによりのお守りになるでしょう

4
歯磨きは念入りに

挨拶のキスをしたなら
今日のふたりみたいに
フレッシュな
ミント味がするはずです

5
シャワーを浴びながら
大好きなあの歌を
口ずさんでみましょう

いつものメロディや歌詞は
あなたらしさを
思いださせてくれるでしょう

10

6

お部屋をスキップ
お洋服を選びながらダンス！

ハッピーな気分で
待ちあわせに向かう足どりも
軽くなるでしょう

7

ハンカチに
アイロンをかけて、好きな
香りのオイルをしみこませて

どんなにボーイッシュでも
あなたのハートとハンカチは
レディの装いです

8

デートの相手のことを
想いながら靴ひもを結んで

ぴかぴかに光る靴や
きゅっと結ぶ靴ひもに
すてきなデートへの想いをこめて

10

でかける前に
鏡にむかって
にっこりしてみましょう

さあ
今日のデートが
楽しくなりますように！

9

凝ったメイクは難しくっても
指先にはクリーム
毛先にはオイル
唇にはリップクリーム！

ドキドキ高鳴る心への
おまじないです

若草物語　四姉妹のデート準備と待ちあわせ

Little Women - Preparation and Rendezvous

Kvar Virinetoj - Pretigo kaj Rendevuo

デートにむかうまでの準備は物語の主人公になりきって。
『若草物語』に登場する一節をインスピレーションに
現代を生きる四姉妹のタイプ別コーディネートをご提案。
あなたらしい、とっておきの待ちあわせができるはず！

性格

しっかりもののクールビューティ、
でも本当はだれよりもロマンティックなの。
乙女な心でデートを夢みているあなたに。

→ Type〈メグ〉

マーチ家の長女メグはお金もちの家で家庭教師をして働きながら、どんなときも女らしさを忘れません。

Meg

――鏡がかわいい美人だと、メグにはっきり教えてくれたので、メグはかねての望みがかなえられた満足を味わい、じぶんから進んで、美しさを、見せびらかそうとさえしました。

ルイーザ・メイ・オルコット『若草物語』（訳：水谷まさる）より　以下同

待ちあわせ

待ちあわせ場所では
シェリーの詩集を読みながら。
馬車のかわりに車に乗ったなら、
白金の街からドライブデートがスタートします。

性格

ボーイッシュな魅力を振りまいて、
勇気をもって逆境にも立ちむかう。
大きな夢を見て、道を切りひらきたいあなたに。

→ Type〈ジョウ〉

Jo

マーチ家の次女ジョウは
社会の枠になんてとらわれたりしない性格。
作家を目指して邁進中。

——「ふうむ、あたしはそんなだらけたの大きらい。たくさん本を集めておいたから、あの古い林檎の枝の上で、このかがやかしい少女時代をよくするために勉強するの。」と、ジョウがいいました。

待ちあわせ

待ちあわせ場所では携帯電話で
『The New York Times』を読みながら。
バイクにまたがって代官山の街を走りぬけるよ。

性格

とっても心優しくシャイなはにかみやさん。
でも大好きなものへの情熱はだれにも負けないの。
勇気をだしてみたいあなたに。

→ Type〈ベス〉

BETH

マーチ家の三女ベスはいつも内気。
その上、猩紅熱(しょうこうねつ)にかかったせいで病気がち。
けれど心には強さを秘めています。

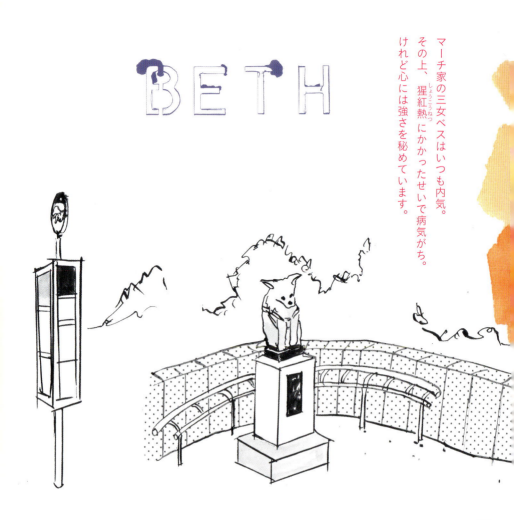

——あたしベスです。音楽が好きです。
おじゃまでなければ、まいりたいのですが。

待ちあわせ

待ちあわせは The Smiths の音楽を聞きながら。
渋谷の街からハチ公バスに乗りこんで。
ふたりで流れる景色を見ながら、
お気にいりの曲を
片耳ずつのイヤホンで教えてもらうの。

性格

末っ子気質の甘えっ子なおしゃまさん。
ちょっぴりコンプレックスもあるけれど、
もっと奔放で軽やかな自由や魅力を
いつも探しているあなたに。

→ Type〈エミイ〉

マーチ家の四女エミイは鼻が低いことが悩み。
だけどお洒落と絵が得意でみんなから可愛がられる
チャーミングさをもっています。

——「ある少女が、いいものをたくさんもち、ある少女が、ちっとも、もたないなんて、不公平だと思うわ。」と、小さいエミイは、鼻をならしながらいいました。

待ちあわせ

待ちあわせにはファーバーカステルの
上等の色鉛筆をポケットにしのばせて。
原宿の街をミニクルーザーや
スケートボードと一緒に駆けぬける。

若草物語　四姉妹のデート準備と待ちあわせ

Little Women - Preparation and Rendezvous

Kvar Virinetoj - Pretigo kaj Rendevuo

今日のあなたはメグ？　ジョウ？　ベス？　それともエミイ？
『若草物語』の四姉妹にすっかりなりきりたいなら、
こんなお店のガラスの扉を開いてみてはどうかしら？

minä perhonen

心から大切に、長く丁寧に着たいお洋服を、生き方を、物語を見つけたい。そんなときにはこのお店へ。オリジナルのテキスタイルからつくりあげられたお洋服やインテリアなど、強さと可憐さをあわせもつ世界に魅了されるはず。minä perhonenと「la fleur」がつくりあげる、大胆で繊細なコサージュも胸にあわせて。

東京都港区白金台5-18-17 3F
TEL: 03-5420-3766
http://www.mina-perhonen.jp/
la fleur→http://www.for-lafleur.com
→ MAP P124-18 ②

himie aoyama atelier & shop

繊細な手仕事による、乙女心をくすぐるモチーフが並ぶジュエリーショップ。大好きなアクセサリーは、まるでお守りを身につけたみたいな効能がある。モダンな店内で、あなたらしいジュエリーを見つけて。

東京都港区南青山 3-17-1
TEL: 03-6804-5043
http://himie.com/
→ MAP P120-2 ⑦

Figue hair&make

夢みているだけじゃなく凛とした強さももっていたい。そんなロマンティックガールの気持ちをだれよりもわかってくれるヘアサロン。特にボブカットには定評がある。すばらしく美しいカットは、ハートも元気にしてくれて、サロンをでる頃にはパワー充電！

東京都渋谷区恵比寿南 1-16-4 1F
TEL: 03-3711-4494
http://www.figue.jp/
→ MAP P121-3 ④

FOR TYPE JO

THE NORTH FACE 3 (march)

街と自然を軽やかに行ききする女性のためのショップ。marchという店名には「前進する、進化する」という意味が。アクティブなあなたにぴったりの服が見つかるはず。本格的なアウトドアウェアから日常にすっと馴染むアイテムまで品揃えも豊富です。

東京都渋谷区神宮前6-10-8
TEL: 03-6418-4921
http://goldwin-blog.jp/tnf-march
→MAP P120-2⑥

FOR TYPE JO

A&F カントリー本店

子どもっぽくなりすぎず、大人な着こなしをしたいときは、英国王室御用達のブランドBarbourのジャケットやPENDLETONのシャツなど、メンズアイテムがおすすめ。店内には遊び心があるアウトドアグッズがたくさん。男の子とも一緒に買いものを楽しめそう。

東京都新宿区新宿6-27-56新宿スクエア 1F
TEL: 03-3209-0750
http://www.aandf.co.jp/stores/afcountry/shinjuku_honten
→MAP P122-7①

FOR TYPE BETH

Sister

意思ある女性をファッションから応援してくれる、パンチの効いたブティック。おしゃれ上級者もうなるスタイリングは、デザイナーズからヴィンテージまで幅広く、お洋服がもつ楽しさを実感させてくれる。

東京都渋谷区宇田川町18-4 FAKE 2F
TEL: 03-5456-9892
http://sister-tokyo.com/
→MAP P120-1③

FOR TYPE BETH

HARCOZA

これぞ東京カルチャーとアートの最前線！ 店内地下には「ステージ」という名の試着室があり、現代アーティストたちの作品が並んでいたり、パフォーマンスが行なわれたりも。オリジナルブランドをはじめ、ユニークでカラフルで、エッジのきいたお洋服でデートに挑みたい。

東京都渋谷区恵比寿西2-15-9 1F
TEL: 03-6416-0725
http://www.harcoza.com/
→MAP P121-3①

FOR TYPE BETH

DISCO NAIL

アクセサリーのひとつのように、そのときの気分にあわせてネイルアートをもっと自由に、そして個性的に楽しみたい！ そんな気持ちに期待以上に応えてくれるネイルサロンです。「モダンアートみたいなネイルに」のようなリクエストも叶えてくれるかも。指先が楽しいと、気分もぐっとあがります。

東京都渋谷区神南 1-14-9 第 7FMG ビル 3F
TEL: 03-3464-7831
http://www.disco-tokyo.com/
→ MAP P120-1 ②

FOR TYPE AMY

ガイジン

おしゃれが大好きならきっと恋してしまう店。店内はキュートでハッピーな古着がたくさん！ 作家もののお洋服、アクセサリー、CD やジンも置かれていて、東京のいまのカルチャーも感じられる。メンズを扱う姉妹店「黒 BENZ」に、男の子と一緒に訪れるのもいいね。

東京都杉並区高円寺南 3-56-1 104 号室
TEL: 03-3316-9337
http://yaplog.jp/gaijin-and-emi/
→ MAP P122-10 ①

FOR TYPE AMY

Lamp harajuku

ファンタジックな世界と現実をファッションでむすぶ、大人の女性も心踊らせる原宿の聖地。ウィンドウインスタレーションやサロンのような 2 階でお茶や香りなど毎月新しい提案を楽しめる。

東京都渋谷区神宮前 4-28-15
TEL: 03-5411-1230
http://www.lamp-harajuku.com/
→ MAP P120-2 ④

FOR TYPE AMY

VACANT

海外のアートブックを扱う「twelvebooks」やコーヒースタンド「New Coffee Steppers」を備えたショップ＆イベントスペース。音楽イベント『FOUNDLAND』シリーズはじめ、演劇、展示、レクチャーなども開催されていて、ここはいつだってわたしたちのデートに欠かせない場所。

東京都渋谷区神宮前 3-20-13
TEL: 03-6459-2962   http://www.vacant.vc/
→ MAP P120-2 ②

CHAPTER 2

実践編
Practice
EFEKTIVIGO

デートのときは、デートをしているわたしたちが主役です。
お金があってもなくても、時間があってもなくても、
街は、心は、いつだってわたしたちのもの。
どこへ遊びにいったらいいかしら？
どんなごはんを一緒に食べよう？

現実は映画みたいに、
うまくなんていかないかもしれないけれど、
いつもがハッピーエンディングってわけにはいかなくっても、
頬にできてしまったニキビばかりが気になったって、
ふたりで一歩を踏みだせば、それは幕があがる合図です。
思う存分気どって街を歩いてみましょう。
「君の瞳に乾杯」と囁けば、
どんな映画スターよりも、もっとずっと輝いて見えるはず。
さあ、これからそんなデートを一緒にはじめてみましょう！

ROMAN HOLIDAY IN GINZA

Roma Ferio en Ginza

ローマの休日 in 銀座

11:30
日比谷公会堂
Hibiya Public Hall

休日は映画スターになりきって
『ローマの休日』のオードリー・ヘプバーンみたいに、
おしのびの王女のつもりで銀座の街を観光デート。
今日だけは仕事も身分も脱ぎすてて、恋をしよう。

日比谷公会堂のある日比谷公園が開園したのは、1903年のこと。かつては軍の日比谷練兵場だった土地が東京市へ払いさげられ、公園になりました。日露戦争後から大正デモクラシーの時代、人々は公園に集まり決起集会がたびたび開かれました。日比谷公会堂が公園の一角に完成したのは関東大震災後の1929年。コンサートホールとしてオーケストラやリサイタルが数多く開かれました。

映画では　欧州親善旅行の公務のさなか、束の間の自由を求めてコロッセオを抜けだしたオードリー演じるアン王女は、ジェラートを食べながらスペイン広場の階段をのぼります。1日だけの冒険旅行へとふみだす印象的なシーン。

12:30
皇居周辺
Around The Imperial Palace

1868年の明治維新後、徳川幕府の江戸城が皇居になりました。かつては宮城(きゅうじょう)と称されていましたが、1948年からは皇居と呼ばれるように。お堀に囲まれた皇居内堀のなかの敷地は約115万ヘクタール。天皇皇后両陛下の住居である御所、宮殿、宮内庁関係の庁舎、紅葉山御養蚕所、皇居東御苑などがあります。

王女のスクープをもくろむ新聞記者ジョーのスクーターの後ろにのって、アン王女はローマの街中を疾走します。

12:30
銀座三越
ライオン像
MITSUKOSHI

「今日は帝劇、明日は三越」。1911年、帝国劇場が開場しました。その翌年から配られたプログラムに竹久夢二の婦人画と一緒に掲載された、三越呉服店のこの広告キャッチコピーは大流行。1923年の関東大震災で銀座の街は大幅に焼失しましたが、その後復興を遂げ、デパート、カフェーなどが次々開業。昭和初期にはショートカットにクロシェをかぶったモダンガールたちが銀座の街を闊歩したのです。

アン王女とジョーは、教会の外壁の石板に刻まれた「真実の口」に手をいれます。

14:30
チョウシ屋
Choshiya

東銀座に歌舞伎座が開場したのは1889年のこと。演劇改良運動に燃える福地源一郎が中心になり、「歌舞伎」という演劇ジャンルそのものの名前を冠した、革新的かつ演劇界の先端をいく劇場がはじまりました。その後、漏電や関東大震災で全焼してしまった歌舞伎座が新しくなったのは1925年。元祖精肉店のチョウシ屋がお惣菜コロッケを売りはじめたのは、その2年後のことです。

「身分を忘れ、普通の女の子のように過ごしてみたい」。カフェ「ロッカズ」でシャンパンを飲んだり、

浜離宮恩賜庭園には海水をひきいれることによって潮の満ち干で池を変化させる「潮入の池」があります。1654年、かつて将軍家の鷹狩場だったこの地に、将軍から許しを得た甲府宰相松平綱重が海を埋め立て屋敷を建てたのが庭園のはじまり。明治維新後には皇室の離宮になり、その名も「浜離宮」に。鹿鳴館が完成するまでは、迎賓館として使われました。いまも池には東京湾から海水がひきいれられています。

15:00
浜離宮恩賜庭園
Hamarikyu Gardens

アン王女とジョーは岸辺に泊まる船上のダンスパーティへでかけますが、そこに追っ手が現れます。王女は追っ手のひとりにギターで一撃を加え、大乱闘となり、ついにはジョーと川に飛びこみます。

17:00

ビヤホール
ライオン
銀座七丁目店

LION

明治時代から舶来品があふれていた銀座の街には、ソーダ・ファウンテンをもつ「資生堂」(現在の資生堂パーラー)や、舶来の果物を扱う「銀座千疋屋」フルーツパーラーなどが人気を博していました。ビヤホールライオンの店名のルーツである「カフェー・ライオン」をはじめ、「カフェー・プランタン」などのカフェーがいくつもオープンしたのは、1911年のこと。そこはパリのカフェのように、文化人たちの社交の場、学生たちが議論を繰り広げる場だったとか。

写真は演出です。転倒し、ケガをする恐れがありますので、本来はイスの上に立たないでください。

いつしかアン王女とジョーには恋心がめばえますが、王女は祖国のため、公務へと戻ります。翌日の記者会見で、アン王女は昨夜の乱闘シーンの秘密の写真をこっそり手わたされます。そして会見の最後で述べる言葉がこの1日だけの休日を締めくくります

Roma Ferio en Ginza

ピエール マルコリーニ銀座店

ベルギーを代表するショコラティエ。軽やかかつ濃厚な食感をもつチョコレートのアイスクリームやフランボワーズのソルベは素材の味と香りをフレッシュに感じられる。甘くて冷たくて溶けやすい、恋みたいなお菓子をデートにどうぞ。

東京都中央区銀座 5-5-8
TEL：03-5537-0015
http://www.pierremarcolini.jp/
→ MAP P125-20 ⑭

2015年春より改装予定。詳しくは店舗またはザ クリーム オブ ザ クロップ アンド カンパニー ピエール マルコリーニ事業部（TEL：03-3248-0470）までお問いあわせください。

日比谷公会堂

1929年にコンサートホールとして開館後、講演会などにも多く使われた歴史的な建物。1960年、立会演説会で政治家浅沼稲次郎が右翼少年に刺された暗殺事件が起きたのもこの場所。ちなみにその瞬間をとらえた写真は日本人として初のピュリッツァー賞を受賞。

東京都千代田区日比谷公園 1-3
TEL：03-3591-6388
http://hibiya-kokaido.com/
→ MAP P125-20 ⑧

無印良品 有楽町

いつもと違う銀座の街を感じたいあなたにおすすめなのはレンタサイクル。あの無印良品で自転車を借りることができるのです（土日祝 ¥1,080/日、平日 ¥540/日）。風を感じながら緑あふれる皇居周辺まですこし足をのばしてみては？ 浮かれすぎてスピードをだしすぎないでね。

東京都千代田区丸の内 3-8-3 インフォス有楽町 1-3F
TEL：03-5208-8241
http://www.muji.com/jp/
→ MAP P125-20 ②

皇居周辺

皇居のまわりには観光スポットがたくさん。幕末の事件「桜田門外の変」で知られる桜田門橋、皇居正面の二重橋、天守台、桜の季節には千鳥ケ淵も欠かせません。毎週日曜日には「パレスサイクリング」として、皇居前の道路を自転車用に解放したサイクリングコースも出現しますよ。

→ MAP P125-20 ④

丸の内から日比谷にかけては、かつて日比谷入江と呼ばれた海でした。

ROMAN HOLIDAY IN GINZA

銀座三越
日本で最初に「デパートメントストア宣言」をした三越。江戸時代の1673年に営んでいた呉服店「越後屋」がそのはじまり。ちなみに日本橋三越本店にはロンドンのトラファルガー広場の獅子をモデルとした大きなライオン像がある。デートの待ちあわせのときにはご確認を。

東京都中央区銀座 4-6-16
TEL: 03-3562-1111
http://mitsukoshi.mistore.jp/store/ginza/index.html
→ MAP P125-20 ⑫

チョウシ屋
東銀座、歌舞伎座裏に佇む1927年創業の伝統のコロッケ店。目の前で揚げてくれる熱々のコロッケをほくほくいただけば、お腹もいっぱい、お店のかわいさにも胸いっぱい。メンチかつとハムかつをそれぞれコッペパンに挟んでふたりでわけあうのも◎。

東京都中央区銀座 3丁目 11-6
TEL: 03-3541-2982
→ MAP P125-20 ⑮

浜離宮恩賜庭園
国の特別名勝および特別史跡にも指定されている、潮入りの回遊式築山泉水庭園。海から潮水をひきいれているため、池にはボラ、ハゼなどが棲み、護岸にはフジツボがいるそう。「中島の御茶屋」でお抹茶を楽しんだら、庭園にある水上バス乗船場へ。そのままふたりで船にのりこんでクルーズへでかけるのはいかがかしら？

東京都中央区浜離宮庭園 1-1
TEL: 03-3541-0200
http://www.tokyo-park.or.jp/park/format/index028.html
→ MAP P119 ⑤

ビヤホールライオン 銀座七丁目店
現存する日本最古のビヤホール。1934年に大日本麦酒（現在のサッポロビール）の本社ビル1階にオープン。天井が高くひろい空間は、歴史と風格のある教会のよう。「豊饒と収穫」をモチーフにしたガラスモザイク壁画をバックに乾杯！

東京都中央区銀座 7-9-20 銀座ライオンビル 1F
TEL: 03-3571-2590
http://www.ginzalion.jp/
→ MAP P125-20 ⑰

銀座という地名はこの地で銀貨の鋳造が行なわれていたことに由来します。

ボニー＆クライド　愛の逃避行

Bonnie and Clyde - Love on the Run
Boni kaj Klajd - Amo dum Fuĝado

『ボニー＆クライド』の映画みたいに、首都高をドライブデート。
愛の逃避行は渋谷からはじまり、
首都高にのってお台場〜羽田空港まで
日常の何もかもを忘れて、走って、逃げて、恋をして。

00:00:00 START

スクランブル交差点のむこう

さあ、どこまで逃げられるかしら

道玄坂上へと駆けあがる

神泉の交差点でUターン

を走らせたら、窓のむこうに自由の女神が見えた。すべてがパーフェクトで、なにもかもがうまくいくように思えた。ニューヨークのエリス島にいるカップルも、本物の自由の女神でさえ、きっといまのわたしたちには敵わないだろう。わたしたちはまだ若いし、たがいに愛しあっていたし、ポケットにはすこしばかりのお金もあった。それにより、あまりに気持ちのよい天気だったから、お台場海浜公園のパーキングに車を停めて、鳥の島が見える丘で束の間のピクニックをしてしまったほどだ。トランクに放りこんであったスーパーマーケットの袋からドーナツを取りだして齧る。車に寄りかかってわたしたちは何枚かの記念写真を撮った。手にはマシンガンもピストルもなかったけれど、唇には煙草をくわえた。シャッターを切る。

「このまま船にのって日の出桟橋へ行ってしまうっていうのはどうかしら?」

わたしは水上バスの時刻表を指差す。

「あるいは浅草だっていい」

00:34:29

けれど結局わたしたちは車にのりこむと臨海副都心入口へむかい、ふたたび首都高にのったのだった。窓を開ける

と、車のなかには冷たい風が流れこんだ。ハンドルを握るわたしの髪が舞いあがる。首都高速湾岸線、道は空いてずっと先まで見わたせた。空には飛行機雲が三本伸びている。

そう、わたしたちがむかうのは、羽田空港。

00:49:51

羽田空港国際線ターミナルにのりつける。わたしたちは車を降りると、その足でエレベーターに飛びのり、フロアを駆けた。床はぴかぴかに磨きあげられていて、ハイヒールで走るたびに大きな音が響いた。"Departure"。電光掲示板にはフライトナンバーが点滅している。黒いトランクや銀色のカートを押した人たちがフロアを行き来している。ファイナルコールのアナウンスが聞こえる。わたしは一度も後ろを振りかえらずに、出国ゲートをくぐる。遠くでカメラのフラッシュライトが光った。

「明日?」

「そんなものなくたって構わない」

いま、わたしたちの手にはチケットがある。

ボニー&クライド 愛の逃避行

00:00:00

わたしたちは渋谷の駅前で真っ赤な車に飛びのった。エンジンキーをまわす。アクセルをいっぱいに踏みこむ。車は高い音をあげて走りだす。スクランブル交差点のむこうには、いくつもの巨大なモニタが並び、その下には事件のニュースがテロップの文字になって流れていた。信号が赤から青に変わる。わたしは片手でハンドルを握りしめながら、すべての音を掻き消すようにしてカーラジオのスイッチをいれた。大音量で音楽が流れだす。

「さあ、どこまで逃げられるかしら」

ビルボード広告が貼られた109の脇を抜け、道玄坂上へと駆けあがる。いつも混んでいる246号線も今日は車がまばらだ。神泉の交差点でUターンして、首都高にのる。ETCが小さく音をたてる。

走るんだ。いまから、捕まるまで、ずっと走るんだ。

00:09:02

渋谷から青山にかけて高架トンネルを抜けると、空へむかってそびえる六本木ヒルズが真正面に現れる。太陽の光がガラス窓に反射している。

わたしは道の先へむかってアクセルを踏みつづける。一ノ橋ジャンクションを過ぎカーブを切ると、左手には真っ赤な東京タワー。制限速度は50km/h。退屈な毎日だったコーヒー、風と一緒に後ろへ流れて過ぎさっていく。ぬるくなったコーヒー、朝のラッシュアワー、ベッドシーツについた染み、なにもかも。心の奥に沈みこんでいた不安も吹き飛んでゆく。わたしたちはふたり一緒に、どこまでだって行けそうな気がする。ガソリンだってガスステーションで満タンにしておいたのだから。浜崎橋ジャンクションを抜けてふたたびカーブを切ると、海。視界が一気に開けて、東京の海が見えた。

00:16:43

レインボーブリッジを渡る。遠くに高層ビルディングがいくつも並ぶ。そのままお台場出口から首都高をおりる。巨大な観覧車がゆっくりと回転している。海へむかって車

フロアを駆けた

1 渋谷
JR山手線をはじめとしたターミナル駅、渋谷駅。そこから放射状に伸びる道路の周りには渋谷センター街をはじめ、繁華街がひろがっている。戦後には、東急文化会館(現在の渋谷ヒカリエ)、東急百貨店本店などがオープン。1960年代後半、西武百貨店やパルコが開店したことで若者の街としても中心的な存在に。駅前には忠犬ハチ公の銅像がある。

2 首都高速道路3号渋谷線渋谷出入口
東名高速道路から直結し都心環状線につながる首都高速3号線。2003年からは日本だけでなく北東アジアや中央アジア、コーカサス、ヨーロッパとつなぐ、総延長約14万kmのアジアハイウェイ1路線網の一部にもなった。

3 六本木ヒルズ
中央にそびえる地上54階建ての高層ビルは六本木ヒルズ森タワー。六本木ヒルズレジデンスや、ホテル「グランドハイアット東京」、TOHOシネマズなどが入った複合施設だ。かつて江戸時代には、この地は長府藩毛利家の広大なお屋敷だった。

4 東京タワー
正式名称は「日本電波塔」。高さは333m。テレビ、FMラジオなどのアンテナとして機能した電波塔は長らく東京のシンボルとして親しまれた。鉄material の一部にはアメリカ軍の戦車(朝鮮戦争後にスクラップにされたもの)が使われているのだとか。地上デジタル放送への全面移行のために建設された東京スカイツリーが2012年に建設、翌年から信所は東京スカイツリーへと切りかわられた。

5 レインボーブリッジ
首都高速11号台場線、新交通システムゆりかもめ、臨港道路海岸青海線、道路と鉄道の双方が通る、1993年に開通した吊り橋。長さは798m。夜景が美しくデートスポットとしても有名。

6 首都高速湾岸線臨海副都心出入口
首都高速湾岸線は、神奈川県から東京を通り千葉へつづく港区高速道路。臨海副都心出入口は台場の名前に里め立てのはじまりに。江戸時代末期に異船対策としてつくられた大砲台場。フジテレビ本社ビル、お台場海浜公園、ライブハウスZepp Tokyoなどもすぐ近く、大観覧車やパレットタウンに、パリの自由の女神像のレプリカも。

7 東京国際空港/羽田空港
成田国際空港と並ぶ東京の空のエントランス。開港は1931年。日本で最大の空港。東京から空港へのアクセスは、電車なら京急電鉄または東京モノレール、車なら首都高速湾岸線、首都高速1号羽田線。2010年に国際線ターミナルが開業した。

首都高速道路
東京の区部やそのまわりの地域を走る都市高速道路。全長301km(2015年2月現在)。3月には山手トンネルが開通予定)。1950年代に日本の高度成長期に自動車が急増したことから高速道路建設が進められた。最初の開通は1962年の京橋~芝浦間の4.5km。ETC普通車は走行24kmを越えると料金は930円。

アダムとイブ 楽園の収穫祭
Adam and Eve – Harvesting in the Garden of Eden
Adamo kaj Evo – Rikoltantaj en Edeno

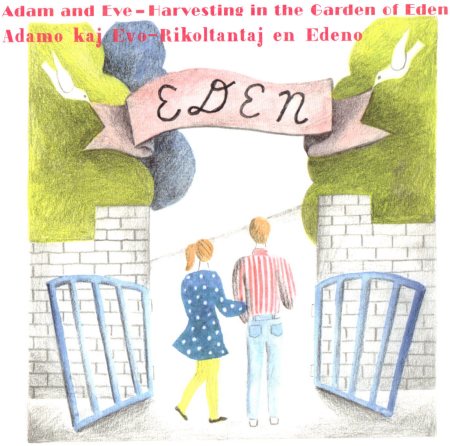

木漏れ日のなかを歩き、鳥のさえずりに耳を澄ませて。
あれはなんの実？ なんの花？ 東京の街中、
あなたのすぐそばにある楽園はもうすぐ実りの季節をむかえます。

楽園へ

東方の地エデンには
神がつくられた楽園がいくつもありました。
神はそこに美しい木々や草花を植えました。
ある日、ふたりは楽園を訪れます。

緑あふれる東京

「東京の街＝コンクリートとビルの世界」……いえいえ、そんなことはありません。植物園、庭園などを含む都立公園の数は81ケ所、広さにして約1991ヘクタール！ 見わたしてみると、あちらこちらに緑あふれる楽園が存在しているのです。

2 禁断の果実

エデンの楽園のひとつでは
ふたりは禁断の果実がなる木を見つけました。
ところが、楽園には神が定めた、やぶってはならない掟があります。
「禁断の果実は決して採って食べてはならない」

エデンに実る禁断の果実?!

なにを禁断の果実と呼ぶかには諸説あるそうです。マルメロの実もそのひとつ。マルメロの実と似ていて、しばしば間違えられるのがカリンの実です。日本ではこちらのほうがなじみ深く、江戸時代後期に書かれた薬物研究書である『本草綱目啓蒙』にも、マルメロの項には「香気アレドモ榠櫨(カリン)ヨリ少シ」と書かれているほどです。東京にある植物園や薬草園でも、その姿を見ることができます。

3　キジバトにそそのかされる

エデンには小鳥たちの集う楽園もありました。
木にとまっていたキジバトがふたりにそっと囁きます。
「神が禁断の果実を食べるなといわれたのですか。
でも、それを食べるとあなたがたの目が開け
知識を得るというだけなのですよ。恐れることはありません」

東京に暮らす小鳥たち

東京にはキジバトをはじめ、たくさんの種類の野鳥が暮らしています。春には目のまわりの白い輪がかわいいメジロ（チーチー）、夏には水辺に青いカワセミ（ピッ、ピッ）。おなじみのスズメやカラス、シジュウカラにコゲラ、ヒヨドリ……。いつの間にか、エデンの森の深くまで歩いてきたようです。

東京港野鳥公園　　　　　　　　→MAP 119⑥
エデンの水辺の鳥たちに会いたいならこちらへどうぞ。ベンチに座って、ゆっくりとバードウォッチング。鳥たちとの静かな時間が流れます。
東京都大田区東海3-1　TEL: 03-3799-5031
http://www.wbsj.org/wbsj-blog/yachoukouen/

 ## 禁断の果実を食べる

誘惑に負けて、ふたりは
禁断の果実を齧りました。

マルメロ酒のレシピ

実が固いマルメロは、そのままでは食用になりません。熟した果実をよく水洗いして、縦に4つに、横に2つか3つに切り、砂糖に漬けこみます。そのまま密閉し冷暗所に1ヶ月ほど貯蔵すると成分が浸出され、できあがり。マルメロの実が熟すのは10〜11月頃。皮が明るい黄色になり、よい香りが漂います。果実酒のほか、ジャムなどにも。柑橘ジャムの「ママレード」の語源はポルトガル語のマルメロジャム「マルメラーダ」なのだとか。禁断の果実を保存食にして、恋とともに熟成を。

 知識がめばえる

禁断の実を口にした瞬間、熱い恋の矢がふたりをうちぬき
思わずその葉や、本で顔を隠しました。
太陽がさんさんと降りそそぐなか、ふたりは今まで知らなかった
さまざまなことに気づき、学んでいきます。

植物学の父、牧野富太郎

植物学の父と呼ばれた学者、牧野富太郎先生は高知県出身。1884年、22歳で上京し、植物の研究をはじめ、『牧野日本植物図鑑』『植物知識』など数多くの著書を通じて、植物を知る楽しさ、大切さを多くの人に伝えました。植物に一生を捧げた牧野先生の目になって、植物を、街を、観察すると、ふたりのそばにあったのに、いままで気づかなかった東京の姿を発見することができるかもしれません。

新しい楽園へ

たくさんの知らなかったことを知ったふたりは
もっと新しいことを知りたくなりました。
これまでに得た知識と禁断の果実を抱え、次の楽園へとむかいます。

ふたりが次に向かった先は ......?!

新宿御苑　　　　　　　　→MAP P119⑪
ビルの間に突如あらわれる緑の楽園。春の桜が有名で
すが、おすすめは大温室。熱帯の植物の奥へとさまよう。
東京都新宿区内藤町11　TEL: 03-3350-0151
http://www.env.go.jp/garden/shinjukugyoen/
酒類は持込禁止、遊具類は使用禁止。

神代植物公園　　　　　　→MAP P118⑭
約5000株のバラの花咲く楽園。春と秋にはさまざま
な品種のバラをみることができます。
東京都調布市深大寺元町5-31-10
TEL: 042-483-2300
http://www.tokyo-park.or.jp/park/format/index045.html

COLUMN

コーヒーと音楽
Coffee and Music
Kafo kaj Muziko

NEWPORT

東京都渋谷区富ヶ谷1-6-8 モリービル1F
TEL: 03-5738-5564
http://nwpt.jp/
→MAP P118⑬

デートにおすすめの音楽は
OST『Nénette et Boni』

肩の力がほどよくぬけたおしゃれさに、東京のいまの気分を味わえる代々木八幡のカフェ。コーヒーはもちろん、ベジプレートや自然派ワインもおいしくて、さりげなくいい音楽がかかっていたり、小さな展示をしていたりする。カルチャー好きなふたりの小さなオアシス。

PRETTY THINGS

東京都世田谷区駒沢5-19-10
TEL: 080-5896-3631
http://prettythingscoffee.tumblr.com/
→MAP P121-6①

デートにおすすめの音楽は
BOB DYLAN『THE FREEWHEELIN'』

ブルックリンの雰囲気を醸す、駒沢大学にある小粋なコーヒースタンド。カウンター脇にはターンテーブル。お隣のセレクトショップWIND AND SEA、近くの姉妹店パワリーキッチンなど、駒沢公園を犬とお散歩する途中にも立ちよって。キュートな猫小物も飾られていて猫好きにもおすすめ！

コーヒーと音楽は相思相愛。さかのぼると J. S. バッハの歌劇『コーヒー・カンタータ』の頃から、コーヒーは時代ごとの音楽で歌われてきました。コーヒー店では人々のおしゃべりの背後で、こうしているいまだって、音楽が流れています。音楽を愛するコーヒー店で、デートにおすすめの 1 曲をかけていただきました。『おしゃべりはやめて、お静かに』。さて、コーヒーのおかわりはいかが？

名曲喫茶ライオン

かつて喫茶店の裏にあった映画館で映画を見たあとにここに立ちよってお茶をするのが昭和30年代のデートコースの定番だったとか。大きなスピーカーから流れるクラシック音楽の響きを存分に味わいたいあなたは、2階の最前列の席へどうぞ。おしゃべりは控えめに。

東京都渋谷区道玄坂2-19-13
TEL: 03-3461-6858
http://lion.main.jp/
→ MAP P120-1 ⑤

デートにおすすめの音楽は
Franz Liszt『Liebesträume no.3』

ミロンガ・ヌオーバ

戦後の日本でタンゴブームがあったのをご存知ですか？ そんな頃、神保町にこのお店が生まれました。並ぶレコードのなかから自分のお気に入りの1曲をリクエストしてみてはいかが？ ふたりでゆっくりと過ごしたいなら平日の夕方がおすすめです。

東京都千代田区神田神保町1-3
TEL: 03-3295-1716
→ MAP P126-24 ⑤

デートにおすすめの音楽は
CARLOS GARDEL
『Con Acompañamiento De Guitarras』

晴れの日もあれば、雨の日もあるよね。
土砂降りの雨のなかでも
ジーン・ケリーみたいにタップを踏めば、
ふさぎこむかわりに歌を唄えば
東京の雨の日のこと、
あの人のこと、
もっと好きになる。

Singin' In The Rain in Tokyo
Kantanta En Pluvo en Tokio

東京の雨に唄えば

I'm singing in the rain
Just singing in the rain
What a glorious feeling
I'm happy again

— Gene Kelly
"Singin' In The Rain"

僕は雨のなかで歌ってる
なんという気分だろう
幸せが戻ってきた
（ジーン・ケリー『雨に唄えば』より）

SINGIN' IN THE RAIN
Words by Arthur Freed
Music by Nacio Herb Brown
©1929(Renewed 1957) by EMI/ROBBINS CATALOG INC.
All rights reserved. Used by permission.
Print rights for Japan administered by YAMAHA MUSIC PUBLISHING, INC.

井之頭恩賜公園

公園の真ん中にある大きな池に浮かんだスワンボート。愛くるしい顔でわたしたちを出むかえてくれます。屋根つきなので雨の日でも大丈夫。ふたりで力をあわせ、ペダルを踏んで、漕ぎだしましょう。ボートを停めて水面に落ちる雨粒を見つめたら、いつもは気まずい沈黙もなぜか心地よい。

東京都武蔵野市御殿山 1-18-31
TEL: 0422-47-6900
http://www.kensetsu.metro.tokyo.jp/seibuk/inokashira/
→ MAP P122-11 ②

荒天時は運休。また 2015 年 2 月現在、スワンボードは整備中。再開時期はお問いあわせください (TEL: 0422-42-3712)。

雨あがりの街に　風がふいに立つ

流れる人波を　ぼくはみている

はっぴいえんど『12月の雨の日』より

市ヶ谷フィッシュセンター

ビルと電車のあいだで釣り糸をたらして、しばしの休息。水に映る高層ビルにも雨が降ります。驟をきって走る黄色の総武線を見あげると、なんだか自分たちがどこか深い水のなかにいるような気分。カーブフィッシングの釣果よりも恋の駆け引きが気になってしまうね。

東京都新宿区市谷田町1-1
TEL: 03-3260-1324
http://www.ichigaya-fc.com/ifc/
→MAP P123-14③

Bleu, bleu, l'amour est bleu
perce mon cœur
Mon cœur amoureux
Bleu, bleu, l'amour est bleu
bleu comme le ciel
Qui joue dans tes yeux

— Vicky
"L'AMOUR EST BLEU"

水色、水色、恋は水色
あなたが戻ってくれば
空は水色
水色、水色、恋は水色
あなたうなづけば
恋は水色

(ヴィッキー『恋はみずいろ』より)

L'AMOUR EST BLEU/LOVE IS BLUE
Words by Pierre Cour
Music by André C. Popp
© 1967 by WARNER CHAPPELL MUSIC FRANCE S.A.
All rights reserved. Used by permission.
Print rights for Japan administered by
YAMAHA MUSIC PUBLISHING, INC
(C) Copyright by CROMA MUSIC
Rights for Japan controlled by
Shinko Music Entertainment Co., Ltd., Tokyo
Authorized for sale in Japan only

愛宕神社
見あげると首が痛くなるほど長い階段をのぼって、「明日は晴れますように……。」とふたりで神様にお願い。神社のある愛宕山は東京区内最高峰の26メートル。その場所が山であることを教えてくれる三角点は、境内の池のほとりにあります。

東京都港区愛宕1-5-3
TEL: 03-3431-0327
http://www.atago-jinja.com/
→MAP P.119⑦

She comes in colours
everywhere
She combs her hair
She's like a rainbow
　　— THE ROLLING STONES
　　　"SHE'S A RAINBOW"

彼女は何処に居ても派手やか
彼女は髪を解かす
彼女は虹のよう
何処に居ても派手やか
彼女は派手やか

（ローリング・ストーンズ
『シーズ・ア・レインボー』より）

日本科学未来館 ドームシアター

せっかくのデート、雨だからってがっかりしないで。空に星が見えない日には星の生まれる場所に会いにいけばいい。MEGASTAR cosmosが投影する1000万個の星があなたを包み、立体視プラネタリウムの上映では生まれたての銀河たちが頭上を飛びかいます。

東京都江東区青海2-3-6
TEL：03-3570-9151
http://www.miraikan.jst.go.jp/
→MAP P124-19④

SHE'S A RAINBOW
Words and Music by MICK JAGGER and KEITH RICHARD
© ABKCO MUSIC, INC.
All Rights Reserved
Used by permission of ALFRED PUBLISHING CO., INC.
Print rights for JAPAN administered by YAMAHA MUSIC
PUBLISHING, INC

Raindrops on roses
and whiskers on kittens
Bright copper kettles
and warm woolen mittens
Brown paper packages
tied up with strings
These are a few of
my favorite things!

— Julie Andrews
"My Favorite Things"

バラのしずく　子猫のひげ
磨いたケトルに　ふんわりミトン
ちょうちょ結びの贈りもの
みんな大好き　My Favorite Things

(ジュリー・アンドリュース『私のお気に入り』より)

MY FAVORITE THINGS
Lyrics by Oscar Hammerstein II
Music by Richard Rodgers
日本語詞：もりちよこ
© 1959 by Richard Rodgers and
Oscar Hammerstein II Copyright Renewed
WILLIAMSON MUSIC owner of publication and
allied rights throughout the world
International Copyright Secured All Rights Reserved

葛西臨海水族園

葛西臨海公園の観覧車を脇目に見ながら海へむかえば水族園が待っています。この水族園で、世界各地の海や、東京の海、そこに泳ぐ魚たちを間近に見ればふたりの心も水を得た魚のように弾みます。巨大な水槽や、100羽を超えるペンギンたちが泳ぐ姿は壮観！

東京都江戸川区臨海町 6-2-3
TEL: 03-3869-5152
http://www.tokyo-zoo.net/zoo/kasai/
→ MAP P119 ③

とおり雨がコンクリートを染めてゆくのさ
ぼくらの心の中へも浸みこむようさ

小沢健二『愛し愛されて生きるのさ』

上野恩賜公園野外ステージ
（水上音楽堂）

1953年にオープンした、上野公園の南端、不忍池のほとりにある野外ステージ。開閉式の屋根があるため雨の日でも利用できます。ふたりで外の風を感じながら舞台を鑑賞し、雨音とまざった音楽を聴くなんて、素敵じゃないか。

東京都台東区上野公園5-20
TEL: 03-3828-5644
http://www.kensetsu.metro.tokyo.jp/toubuk/ueno/index_top.html
※催事開催時のみ入場可
→MAP P127-26④

東京の雨に唄えば
Singin' In The Rain in Tokyo
Kantanta En Pluvo en Tokio

雨粒を身にまとい、歌を唄い、
東京の街へと繰りだす準備はできた？
きらきらと輝く雨の日にもちたい、愛しの品々です。

水色のキャンディ

鮮やかな職人技でつくりだされる色とりどりのキャンディを見たなら、ひと粒口にいれてみたいと思わずにはいられない。レインドロップのようにきらきらと美しく光るキャンディは、ユーカリのさわやかな甘さと香り。口のなかで儚くほろほろと溶ける。まるでわたしのハートみたいね。

ユーカリキャンディー　¥480
お問いあわせ
PAPABUBBLE
http://www.papabubble.jp/

雨の日のカメラ

水槽のなかにいるような雨の日は、いつものカメラを、水中で撮影できるFisheye One Black and Submarine Packageの魚眼レンズカメラにかえて、いっそどしゃぶりのなか街に飛びだしてみない？

Fisheye One Black and Submarine Package
ともに　¥12,960
お問いあわせ
ロモジャパン
http://www.lomography.jp/

雨粒のピアス

電車の窓に光る雨粒を見て、「これを耳たぶにつけられたら」って想像する。そんな気持ちを、雫を模したHerman Hermsenのピアスにたくして。自由な発想のコンテンポラリージュエリーをあつかうgallery deux poissonsで、あなただけの光る雨粒を探してみて。

Herman Hermsen ピアス
左右1組　¥32,400
お問いあわせ：deux poissons
http://www.deuxpoissons.com/

レインブーツで軽やかに

雨だからって足元ばかりを気にしていたら、せっかくのデートが台無し。ブランドのはじまりでもあるクラシックな装いの長靴ラバーブーツで水たまりだってジャンプ。

ラバーブーツ　¥15,984
お問いあわせ
AIGLE渋谷本店
http://www.aigle.co.jp/

Singin' In The Rain

ペインティングやコラージュが彩る「Coci la elle」の傘は、まるでキャンバス。『Singin' in The Rain』の歌詞があしらわれた傘を開けば、♪心には太陽が、恋をしてる気分♪

Singin' In The Rain　¥20,520
お問いあわせ
Coci la elle
http://www.cocilaelle.com/

レインケープを身にまとい

天気予報はくもり時々雨。グレーの空の下、自転車を走らせて約束の場所へ。傘はもたずにPOSTALCOのレインコートを颯爽と羽おりましょう！

POSTALCO RAIN CAPE　¥35,640
お問いあわせ
POSTALCO
http://postalco.net/

COLUMN

レストラン世界一周
Around the World in a Restaurant
Ĉirkaŭ la Mondo en Restoracio

世界を一緒に旅しない？ パスポートなんていらない昼下がりの浪漫飛行。
今日は中国、明日はロシア、明後日はどこへ行く？
各国各地のグルメをランチで一緒に堪能しましょう。

銀座 天龍

中国

大きな餃子をわけあうチャイナデート♡

世界旅行のはじまりは隣国チャイナ！ 目印は入口の大きな餃子のオブジェ。オーダーは餃子ライスに決まり。食券を握りしめ店内へ進むと、チャイナカラーの赤いテーブルが。大ぶりな餃子ひと皿を恋人と分けあえるのもデートならでは。餃子はニンニクなしなので、ときめくハートも大満足。

餃子ライス ¥1,150
東京都中央区銀座 2-6-1 中央銀座ビル1・2F
TEL：03-3561-3543
http://ginza-tenryu.com
→ MAP P125-20 ⑤

РОССИЯ & საქართველო

カフェロシア

本格ロシアのスープは情熱色の恋の味！

次にむかうはユーラシアの大国ロシア。地下へと続く階段をおりていくと、小窓から見えるのはシェフたちの調理姿とかわいらしいピンク色の壁。カウンターにちょこんと置かれたピロシキを見ていたら、ふわふわと湯気をあげたボルシチが登場。湯気のむこうに見える恋人と、より親密なムードに。スープの色は情熱の赤。

ランチAセット ¥1,080
東京都武蔵野市吉祥寺本町 1-4-10
ナインビルB1F
TEL：0422-23-3200
→ MAP P122-11 ①

北欧料理リラ・ダーラナ

SVERIGE

おいしい北欧家庭料理を食べながら夢見るのは……

裏通りのビルの2階へのぼったなら、そこはもう、スウェーデンの美しい田舎ダーラナ地方。絵本に入りこんだようなあたたかな気持ちになる、小さな北欧家庭料理のレストランです。おいしいミートボールをふたりで食べながら、ひっそりと、真昼の白夜に想いをはせて……。

ミートボールのクリームソース　¥1,000
東京都港区六本木 6-2-7 ダイカンビル 2F
TEL: 03-3478-4690
http://dalarna.jp/
→ MAP P124-16 ③

トプカプ 丸の内店

TÜRKIYE

エキゾチックなトルコの休日

ビルの地下街の片隅に、白壁に青いタイル文字でTOPKAPIの文字。天井から色とりどりのランプが照らす店内は、アジアとヨーロッパをつなぐ国トルコらしいオリエンタルムード。エキゾチックでマイルドなトルコの味に、ふたりのムードも高まります。ケバブをはじめとするお肉料理を楽しんで。

ミックスプレート　¥950
東京都千代田区丸の内 3-1-1 国際ビル B1F
TEL: 03-3215-3600
http://topkapi-dining.jp/
→ MAP P125-20 ①

トゥッカーノ渋谷店

BRASIL

エネルギッシュなブラジルに恋する気持ちも踊りだす

さて、旅の最終地点。木の扉をあけると、そこはブラジル！　大きな肉がテーブルに次々と陽気にふるまわれ、30種類以上ある前菜も食べ放題。夜はサンバショーやボサノバライブなども催されるエネルギーあふれるフロアに、ふたりの体もほてりぎみ。

土日祝シュラスコ＆ビュッフェ食べ放題
(120分) ＆フリードリンク　¥3,500
東京都渋谷区道玄坂 2-23-12
渋谷フォンティスビル B1F
TEL: 03-5784-2661
http://www.pjgroup.jp/tucanos/
→ MAP P120-1 ④

kvina's
バッグとポーチ

Bag and Pouch
Sako kaj Poŝo

さて、ここでわたしたち kvina が手がけた
バッグとポーチをご紹介させてください。
心だけはちょっぴり東京の街を飛びだして、海辺の街へ。
ぜひ旅のおともにしてくださいね。

心はいつも海辺の街に

わたしたちのプロジェクト、「Mi amas TOHOKU」はこれまでもこれからも「東北が好き」というわたしたちの気持ちを伝えるための取りくみです。
このバッグは kvina が、このプロジェクトを通して気仙沼にあるバッグのお店「MAST帆布」さんと 出会ったことから生まれました。MAST帆布さんは、帆布製品を中心に、バッグをひとつひとつ丁寧に手づくりするお店です。東日本大震災の津波でお店は流出しましたが、自宅裏の倉庫を改装した工房でバッグづくりをつづけています。
気仙沼の街には毎朝6時になるとスピーカーから『恋はみずいろ』のメロディが流れるそう。そのエピソードをモチーフに、「恋はみずいろ」のエスペラント語である「Amo estas Blua」という言葉が刺繍されたトートバッグを、何度もの試作の末に完成させました。小旅行へでかけるのにぴったりのサイズです。
どんな街中にいても、バッグを肩に掛けるといつも鮮やかによみがえるのは、東北の海辺の街の光景です。

恋はみずいろバッグ
Amo estas Blua Bag
Amo estas Blua Sako

恋はみずいろバッグ　¥14,040
お問いあわせ
SHOE PRESs
http://www.shoepress.com/archives/2355

恋はみずいろポーチ
Amo estas Blua Pouch
Amo estas Blua Poŝo

旅のバッグにはポーチもあわせてもちたい――というkvinaからの熱いラブコールで、ふたたび気仙沼のMAST帆布さんにつくっていただいたのが、パスポートやお財布もしまえるこのポーチです。

恋はみずいろポーチ　¥4,212
http://tmblr.co/Zd-PNw17RNPJu

『kvina × SHOE PRESs Mi amas TOHOKU
東北が好き観光案内』
¥500
iBookstore
https://itunes.apple.com/jp/book/id787680928

[EXHIBITION]
「Mi amas TOHOKU 東北が好き　海辺の街へ
AL MARBORDA URBO 　by kvina × SHOE PRESs」
渋谷パルコ　LOGOS GALLERY、仙台BOÎTE、
塩竈ビルド・フルーガス（以上すべて2013年）

「Mi amas TOHOKU 東北が好き」→ http://miamastohoku.com

CHAPTER 3

告白編
Confessions of Love
AMKONFESO

デートをより豊かにするのは告白です。
ありがとうの、嬉しいの、
好きの、気持ちを伝えましょう。
想いや、気持ちを伝えるのって、
照れくさいし、とっても難しいもの。
心は目には見えないし、耳には聞こえないから、
かわりに絵が、音楽が、ダンスが、そして言葉があるのです。
まずはじっくりと相手のことを観察して、想像してみて。
どんな言葉をプレゼントしたら、喜んでくれるかしら？

告白を恐れることはありません。
ここには、わたしたちのいま(プレゼント)があるだけで、
成功も失敗もないのだから。
さあ、これから愛の告白のはじまりです。

ラブレターラブ
Love Letter Love
Amletera Amo

声にして伝えられないのなら、気持ちを文字で表して。
電話やメールもいいけれど、ときにはペンを手に
たくさんの本に囲まれながら、ゆっくり手紙をしたためて。
きっと本のなかの言葉たちが、あなたの背中を押してくれるはず。

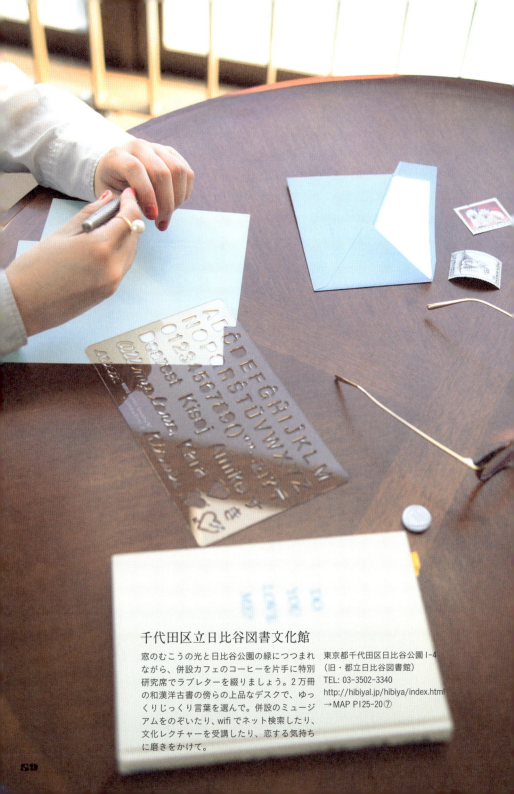

千代田区立日比谷図書文化館

窓のむこうの光と日比谷公園の緑につつまれながら、併設カフェのコーヒーを片手に特別研究席でラブレターを綴りましょう。2万冊の和漢洋古書の傍らの上品なデスクで、ゆっくりじっくり言葉を選んで。併設のミュージアムをのぞいたり、wifiでネット検索したり、文化レクチャーを受講したり、恋する気持ちに磨きをかけて。

東京都千代田区日比谷公園1-4
(旧・都立日比谷図書館)
TEL: 03-3502-3340
http://hibiyal.jp/hibiya/index.html
→MAP P125-20 ⑦

Love Letter

みんなのラブレター
Love Letters for Everyone
Amleteroj por Ĉiuj

愛する人に送ったラブレター、物語のなかに記されたラブレター、映画やドラマで描かれたラブレター。あの人が、あの日、あのとき、あの場所で、大切な想いをこめて綴ったラブレター。愛の名言集を、いまここで一緒に読みましょう。

では私の花よ、土曜日に！
愛の限りをこめて　フラニー
キスキスキスキス
キスキスキスキス

J.D.サリンジャー
『フラニーとゾーイー』（訳：野崎孝）より

これは単純なカケなぞじゃない
それから　ぼくが彼を愛したことが
問題なのじゃない
彼が僕を愛さねばならないのだ
どうしても

萩尾望都
『トーマの心臓』より

どんなに小さいことでもよい。タンポポの花一輪の贈りものでも、決して恥じずに差し出すのが、最も勇気ある、男らしい態度であると信じます。僕は、もう逃げません。

太宰治
『葉桜と魔笛』より

60

デイジー、デイジー
ぼくたちこれからどうしたらいい？
ぼくはなかば狂ってるよ
恋してしかも憎んでるよ　きみのことを

R・D・レイン
『好き？ 好き？ 大好き？―対話と詩のあそび』（訳：村上光彦）より

千のやさしい接吻を

マルセル・プルースト
『プルースト全集16 書簡I』（訳：岩崎力ほか）より

だれかがあなたを熱愛していますわ。

ジョルジュ・サンド
『書簡集 1812-1876（ジョルジュ・サンド セレクション）』
（訳：持田明子、大野一道）より
フレデリック・ショパンに宛てた手紙

ゆうべはおやすみになれましたこと？　わたしはだめでした。ウトッともしませんでした。びっくりし、興奮し、どぎまぎして、うれしかったので……。これからさき一生、ねむることも――食べることも、できそうもありません。
（中略）
（追伸）これが生まれてはじめて書いた、わたしのラブ・レターです。その書きかたを知っているなんて、おかしなことですわね？

ジーン・ウェブスター
『あしながおじさん』（訳：北川悌二）より

Love Letter

きのうは夕方も夜も、あなたのことと、ふたりで過ごした時間のことを考えて過ごしました。
とても素晴らしい思い出になりました。わたしは今も、優しくて柔らかなあなたの目、あなたの暖かい微笑を眺めていて、甘美なあなたの存在をまた感じるときのことを夢見てばかりいます。

ローレン・レドニス
『放射能』(訳：徳永旻) より
マリー・キュリーがポール・ランジュヴァンに宛てた手紙

あなたを愛しているという以外に言いようがあるかしら。一人で座ってあなたのことを考えながら、この不思議に静かな夜をやり過ごさなくてはならないなんて。

ナイジェル・ニコルソン
『ヴァージニア・ウルフ』(訳：市川緑) より
ヴァージニア・ウルフが
ヴィタ・サックヴィル＝ウェストに宛てた手紙

拝啓　恵子ちゃん

倉本聰　原作・脚本
『北の国から』より
黒板純のナレーション

ただ私をじっと見つめたまえ、ノベレッテンは、君のような眼を知り、君のような唇に接したことのある人だけしか書くことができないものだと私は主張する。

ローベルト・シューマン
『NOVELLETTEN Op21-1』より
クララに宛てた手紙

さて、あなたにぴったりのラブレターは見つかりましたか？
もっとたくさんのラブレターを探したいなら、
あなただけのラブレターを綴りたいなら、こんな場所を訪ねてみるのはいかが？
あぁ、この熱い気持ちを素敵な言葉にできたら、どんなにいいかしら！

東京国立近代美術館フィルムセンター

「映画のような恋をしたい！」誰もが一度はこんなふうに思ったことがあるはず。4階の図書室には約4万2000冊の蔵書があります。うろ覚えだったあの映画の決めセリフをチェックしてみて。展示や上映なども行われるので、どっぷりと映画の世界に浸りたい。

東京都中央区京橋3-7-6
TEL: 03-5777-8600
（ハローダイヤル）
http://www.momat.go.jp/fc.html
→ MAP P125-20③

アンスティチュ・フランセ東京

アムールの国、フランスから愛の手ほどきを受けましょう。フランスにまつわる書籍や映像などの資料を集めたメディアテークへどうぞ。まずは女性作家ジョルジュ・サンドの作品などはいかがですか？　梯子にのぼって、書棚の隅に隠れたあなただけのアムールを探してみて。どなたでも閲覧可能です。

東京都新宿区市谷船河原町15
TEL : 03-5206-2500
http://www.institutfrancais.jp/tokyo
→ MAP P123-14②

BUNDAN COFFEE & BEER

日本近代文学館内にある文学カフェ。店内にはマンガから日本文学までさまざまなジャンルの約2万冊が壁一面に並んでいます。「AKUTAGAWA」や「OUGAI」といった名前のついたコーヒーを飲みながらラブレターを書けば、名文が生まれそうな予感。ゆったりとくつろげるソファー席がおすすめ。

東京都目黒区駒場4-3-55
（日本近代文学館内）
TEL: 03-6407-0554
http://bundan.net/
→ MAP P122-8①

東洋文庫

日本最大、最古の東洋学の研究図書館です。1、2階は展示スペース。2階のモリソン書庫の眺めは圧巻。指定文化財をはじめ、数百年前に書かれた貴重な本が展示ケースに並びます。約100万冊の本とともに、ラブレターの夢をみる。

東京都文京区本駒込2-28-21
TEL : 03-3942-0280
http://www.toyo-bunko.or.jp/
→ MAP P123-13①

Love Letter

ラブレター ABC
Love Letters in ABC
Amleteroj en ABC

ラブレターを書き終えて、いざ封を、というときのために、シーリングワックスとスタンプを手にいれておこう。火をつけて蝋をたらし、想いをこめてイニシャル印を押せば、パーフェクトなラブレターの完成！　ちょっとしたラブレターの儀式です。文房具はインポートやオリジナル商品も充実の専門店、伊東屋で探してみて。

シーリングワックスとスタンプ（参考商品）
お問いあわせ
銀座・伊東屋
http://www.ito-ya.co.jp/

2015年夏、仮店舗（中央区銀座3-7-1）から新本店（中央区銀座2-7-15）へ移転予定。

想いを封じ込めるシーリング

恋の予感を運ぶ封筒

真っ白にガードされた封筒もいいけれど、恋の予感がすこしだけ透けて見える「クロマティコ社」のトレーシングペーパーの封筒もおすすめ。ビタミンカラーのラインナップからお気にいりをひとつ選ぼう。カードや、写真の裏に気持ちを綴って。

竹尾デザイン封筒
（クロマティコ、参考商品）
お問いあわせ
竹尾　見本帖本店
http://www.takeo.co.jp/

大切なラブレターのために、よりすぐりの文房具を選びたい。文字だけでなく、手触りも、匂いも、色も、そのすべてがラブレターなのだから。

画家、デザイナー、写真家、アーティストたちによる「スーベニアフロムトーキョー」のオリジナルポストカード。個性あふれるさまざまなカードたち。迷いながら選ぶ時間も楽しいです。ラブメッセージを送るのにふさわしい1枚が見つかるはず。

ポストカードはアーティーに

ポストカード　¥216
お問いあわせ
スーベニアフロムトーキョー
https://www.souvenirfromtokyo.jp/

愛が滲むインク

ラブレターを書くならインク選びにもこだわりたいもの。おすすめは、創立者は科学者とアーティストという「WINSOR & NEWTON」のインク。ボトルのかわいさやロマンチックな名前のカラーバリエーションもさることながら、発色がきれい。美術の殿堂、世界堂で手に入れて。

WINSOR & NEWTONインク　14ml 普通色 ¥324
　　　　　　　　　　　　14ml 特別色 ¥378（ともに定価）
お問いあわせ
世界堂新宿本店
http://www.sekaido.co.jp/

便せんには特別な一枚を

1899年の創業以来、多種多様な紙を取り扱い、その頂点に輝く紙のプロフェッショナルこそが、用紙メーカーの竹尾。ラブレターのための紙を本気で選ぶなら、常に約300銘柄の紙をストックするショールーム、見本帖本店の紙で。陳列された紙を見つめるだけで、はやくもうっとり。

竹尾のファインペーパー
紙の種類・価格は店舗にて相談可
お問いあわせ
竹尾 見本帖本店
http://www.takeo.co.jp/

恋するわたしの心はガラスペン

恋する心みたいに透明で繊細な、イタリア「ルビナート社」のガラスペン。インク壺につけながら1文字1文字綴って。線のコントラストや可憐さはガラスペンならでは。香りつきのインクをあわせて、手紙に香りをしのばせてもいいですね。

ルビナート・ガラスペン　¥2,916
お問いあわせ
オルネ ド フォイユ 青山店
http://www.ornedefeuilles.com/

Love Letter

番外編
手旗信号でラブレター
"Extra Edition
Sending Love letters by
Flag Semaphore"
Kromeldono
"Flagsemaforaj Amleteroj"

A　B

F　G　H

L　M　N

R　S　T

X　Y　Z

SPACE

言葉を伝えるには、手紙だけではなくさまざまな方法があります。たとえば手旗信号。これなら海の上からだって言葉が、気持ちが、届きます。

手旗信号は、望遠鏡や双眼鏡で見ている相手にむかって両手で旗を動かして信号を送る、海兵が用いる言葉の伝達方法です。英文のセマフォア信号のほかに和文手旗信号もあります。現在はセマフォア信号のかわりにモールス符号を旗で送信する方法に切り替えられているので実用されていませんが、いまいちど手旗でAtoZを練習してみましょう。「かもめの水兵さん」ならぬ、古来吉兆を示したといういい伝えもある東京のカラスさんたちと一緒に、さあ、セマフォア信号でLOVEを伝えて！

A to Z

TRY!

L O V E

プレゼント大作戦、ハートを掴め！

Operation Love Present, Catch the Heart!
Strategio Donaco por Amo, Kapti la Koron!

大事な人に贈るためのプレゼントには
お金よりも真心と時間をかけて。
ハートを掴んで、もう離さないから。

運命の赤い糸マフラー

出会った瞬間、ビッビッビッ。わたしたちは運命の赤い糸でつながっているの？　そんなあの人へのプレゼントには、ウール100％のあたたかいマフラーがぴったり。フランス生まれのお店、la droguerie 渋谷店には色とりどりの毛糸やビーズ、ボタンが並びます。見ているだけで幸せな気持ちに。

材料：Surnaturelle（シュールナチュレル）¥162 /10g
la droguerie 渋谷店
東京都渋谷区宇田川町21-1
西武渋谷店A館7F 手芸用品 サンイデー内
TEL: 03-3461-8577
http://www.ladroguerie.jp/
→ MAP P120-1 ⑥

恋人たちをつなぐ
スマートフォンケース

恋人たちの甘いテレフォントークは電波がつないでいるけれど、モバイルアクセサリーの専門店HYPER MARKETで、ふたつでひとつのオリジナルケースをつくってみて。きっと会えない時間も嬉しいね。

オリジナル iPhoneケース　¥2,678
HYPER MARKET
東京都渋谷区神宮前 6-5-6 IF
TEL:03-5766-8630
http://www.hyper-m.jp/
→ MAP P120-2 ⑤

ハートがとろける
バラの花のお風呂

いま、ふたりが最高に重症な恋の病にかかっているなら、それを満喫しない手はありません。プレタポルテブランドのシアタープロダクツのなかにお店を構える、上品で個性的なアレンジがすてきなフラワーショップ、DILIGENCE PARLOURへ。とりわけいい香りのバラをひと抱えぶんオーダーして、いつものバスタブにバラの花びらを浮かべたら、とろけるバスタイムギフトのできあがり。

オーダーブーケ　¥1,000〜
DILIGENCE PARLOUR
東京都渋谷区神宮前4-26-24
シアタープロダクツ表参道本店内
TEL: 03-6438-1757
http://www.diligenceparlour.jp/
→ MAP P120-2 ③

君の瞳にお揃いの眼鏡

落ちついた大人の雰囲気が漂うお店Continuerで、お揃いのアイウェアを選びましょう。おすすめはフレームファクトリーとして長い歴史をもち、スタンダードを守りながらも新しいスタイルを提案する「EnaLloid」。「Jo」や「Beth」、「Little Beth」といった若草物語の姉妹の名前がついたシリーズもあるのです。お揃いの眼鏡を通して世界を見よう。

Little Beth、Beth　ともに¥32,040
Continuer
東京都渋谷区恵比寿南2-9-2 カルム恵比寿１F
TEL: 03-3792-8978
http://www.continuer.jp/
→ MAP P121-3 ③
EnaLloid → http://www.thorough.jp/enalloid/

ロマンティックな愛の言葉を奏でる

小さな姿で大きなスペクタクルを提供してくれる、troisの紙巻き式オルゴール。紙にあけた穴で音が鳴る仕組みだから、恋人の名前や愛の言葉をアルファベットにして穴をあければ、言葉を音楽に変換してくれる。そんなロマンティックな装置で、愛の言葉はどんな音がするか、ふたりで確かめて。

紙巻き式オルゴール　¥2,980〜
CINRA.STORE
http://store.cinra.net/feature/detail.php?postid=389
trois → http://trois.main.jp/

世界でたった一冊の本に想いを託して

ふたりの出会いや思い出を手づくりの小さな本に綴ってプレゼント。一緒に行った山登り、一緒に食べたごはん、一緒に見た都会の星空。キンコーズのコピー機に通して製本すれば、ほら、ふたりで過ごした時間が、あなたの想いが、世界中でたった1冊の特別な本になるのだから。

中綴じ製本1冊　¥162
(プリント代・オプション・基本料別)
＊詳細は店舗にて相談可
キンコーズ渋谷店
東京都渋谷区渋谷3-9-9
東京建物渋谷ビルディング1＋2F
TEL: 03-5464-3391
http://www.kinkos.co.jp/
→ MAP P120-1 ⑦

映画の主人公の気分で

ものを贈るだけがプレゼントではありません。スターリムジン東京でリムジンを借りてナイトクルージング。楽しいときを、思い出にのこる瞬間を一緒に過ごすことも、ふたりにとってのプレゼントです。バーカウンターにラウンドソファーの贅沢なクルージング、シャンパン片手に映画の主人公になりきって、思う存分楽しみたい。

利用料金：1時間　¥28,000〜
スターリムジン東京
TEL: 03-6808-5533
http://star-limo.jp/

記念日 夢のスイートテーブル
Anniversary Table of Your Dreams
Datrevena Tabelo de Viaj Revoj

大切な記念日にはテーブルを夢みたいにしつらえて。
スイートでロマンチックなメニューを
お料理のスペシャリストが特別にお届け。
世界でたったひとつのテーブルの記憶は
舌にも心にもくっきりと刻まれるはず。

誕生日は
「バースデー・ドリンク・ブーケ」

特別な誕生日には、ふたつの特別なフラワーブーケを。ローズウォーターのドリンクには、「愛の果実」ともいわれるザクロと、イチゴ、ナタデココ、そしてバラの花のシロップを入れて。もうひとつのドリンクには、オレンジフラワーのシロップにマウイ島のバニラを漬けて。異国情緒あふれるスパイシーな香りとともに深く記憶に残り、きっと何度もよみがえるはず。

by food+things

クリスマスは
「聖なる夜の黒い森のケーキ」

クリスマスのファンタジックなラブストーリー映画『シザーハンズ』の名シーンを題材に、フランスでフォレノワール（=黒い森）という名前をもつ、チェリーとチョコレートのケーキをアレンジ。ハサミ、雪、ツリー、ハートなどがケーキを彩ります。赤いハートのクッキーと一緒にあなたのハートも添えて。

by SWEETCH

バレンタインは
「媚薬のユー・アー・マイ・バレンタイン」

催淫アイテムともいわれるバラ、赤ワインとチョコレート。中世ヨーロッパでは、「ショコラはいかが？」がベッドへの誘い文句だったのだとか。バレンタインには3種類のチョコレートガナッシュを、エスカルゴに詰めましょう。ビターチョコにはブルーチーズをまぜてエスプレッソ、コーヒービーンズを。ミルクチョコにはパッションフルーツのピュレと山椒をまぜてプラリネを。ホワイトチョコにはイミテーションキャビアとグリーンチリをまぜてピスタチオを組みあわせ。試験管のトッピングには中世の「グリーモア（魔術の指南書）」に記された媚薬、アーモンドプラリネ、野生のラベンダー、ピスタチオとドライローズ、ドライラズベリー。はじけるポップキャンディをそえて恋に刺激を。おともにはカシアのチップにバードアイマッチで火をつけてつくるスモーキーな赤ワイン。

by 美才治真澄

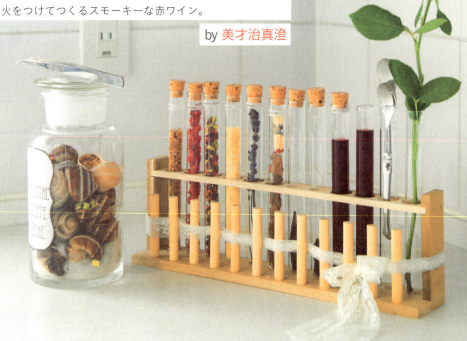

プロポーズは

「おなじ釜の飯を食べないか。
プロポーズの押し寿司ミルフィーユ」

人生の如く重ねられた至極のミルフィーユ。1層目にはヒヨコ豆のペーストとカボチャとターメリックのクラッカー、2層目にはニンジンのラペと紫キャベツ、菜花と芽キャベツの中華風マリネ、3層目には紅芯大根と黄人参のピクルス、4層目にはローストポークとセミドライ紅玉のスパイシーソース、そして5層目にはシイタケ、酢蓮、菜花、しらすとサーモンと玉子を挟んだ押し寿司。ホテルのベッドの上でふたりでつついてみましょう。一番下の層に潜んだ玉子と三ツ葉でかたどったエンゲージリングの押し寿司が現れたなら、思わず声があがるはず。結婚とは、ずっとふたりでおなじ釜の飯を食べるということ。これからも一緒にごはんを食べようね。いうまでもなく、答えは「YES!!」

by 山フーズ

いつもの今日は
「なんでもない日のサラダ記念日」

つきあいたての真っ白い時間をサラダに仕立てて、なんでもない今日という日を特別な記念日に。お皿に白菜、大根、小蕪、りんご、コールラビーなどさまざまなトーンの白色を重ねて。ドレッシングにはハーブとピンクペッパーの香りのアクセント。フレッシュな状態でテーブルへ。食材の切り方をすべて変えてあるので、毎日食べても飽きない食感に。デートも恋もこれからの日々も、そんなサラダの味を忘れずにいたいもの。

by あゆみ食堂

記念日 夢のスイートテーブル

Anniversary Table of Your Dreams
Datrevena Tabelo de Viaj Revoj

記念日のための特別なテーブルはこちらのスペシャリストのみなさんにお願いしました。
大切な日のために、さあ、いったいどんなご相談をしましょうか？

food+things

アメリカの小説家ジュノ・ディアスの訳なども手がける翻訳家でもある江口研さんによる、映画、文学、音楽などが交わる新たな食のコミュニケーションの提案。華やかなドリンクやフードは、文学的で国籍を越えた味わい。

http://kenichieguchi.com/

今回の予算：各￥10,000

バラとオレンジフラワーの
カクテル500mlずつ

SWEETCH

笠尾美絵さんが2005年より主宰する、夢のようにおいしくてかわいい、オーダーメイドのお菓子のアトリエ。ほかでは買うことができない、すこし特別なケーキは、SWEETCHならではの楽しみ。

http://www.sweetch.jp/

今回の予算：￥7,000

美才治真澄
（びさいじますみ）

フードコーディネーター兼管理栄養士としてメニュー提案、調理＆スタイリング、栄養相談、料理教室など幅広く活動する美才治真澄さん。オーダーメイドケータリングは、天然の食材を用いた独創的な世界と未知なるおいしさが魅力。

http://bisaijimasumi.com/

今回の予算：￥7,000

山フーズ

ケータリング、イベント企画、レシピ提供、コーディネートなどを手がける小桧山聡子さんによる「食とそのまわり」の提案。料理として素材としての勢い、美味しさを大切にしながら「食べる」をカラダ全部で体感できるような仕掛けのあるケータリングが得意。

http://kobiyamasatoko.com/

今回の予算：￥21,000

あゆみ食堂

大塩あゆみさんによるあゆみ食堂は、食材の組みあわせは新鮮で洗練されていながらも、毎日食べたいほっとする味。ホームパーティから展示会のレセプションまで、日本の季節の食材を使っておいしく楽しい食卓をつくります。

http://instagram.com/ayumishokudo

今回の予算：￥6,000

*価格・内容は人数によりご相談ください。
*今回の予算は２人分ですが、ケータリングなどは少人数ではお受けできない場合もあるので、お問いあわせください。

kvina's
バレンタイン

Valentine
Valentino

さて、ふたたびここでわたしたち kvina のつくった品々をご紹介させてください。
チョコレートを贈るだけがバレンタインじゃないはず。
というわけで、これまでわたしたちがバレンタインのために、恋のために、手がけた品々です。

恋するエプロン
Apron of Love
Antaŭtuko de Amo

男の子も女の子も、エプロンのリボンを結んで

せっかくお料理するならとっておきのエプロンをつけたいもの。kvina のそんな想いから、布作家ハセガワアコさんのご協力を得てこのエプロンができました。裾には「恋に効くスパイスはなに？」「チョコレートは何度で溶けるの？」というエスペラント語が、Printilo Yuka さんによるシルクプリントでほどこされています。ちなみにその答えはセットのクロスに隠されています。

kvina 恋するエプロン
¥ 8,640

恋するレシピ
Recipe of Love
Recepto de Amo

レシピブックを開いて

kvina 流、すてきなバレンタインの1日のためのレシピブック。大切な人と一緒に食べる、朝、昼、晩ごはんを、料理研究家の山戸ユカさんに提案していただきました。恋に効くといわれているスパイスを使った、ふたりで食べるサーモンサンドウィッチ、ビーツのピンクポタージュスープ、デザートにはチョコレートプディングも。

kvina 恋するレシピ
参考商品

ラブレターテンプレート
Love Letter Template
Ŝablono de Amletero

ラブレターを添えましょう

ラブレターを書くためのテンプレートがあったらいいのに——そんな気持ちが高ぶって、遂に kvina オリジナルのラブレターテンプレートを、CLASKA Gallery&Shop "DO" さんと一緒に制作しました。「すき」「All my love」という単語からエスペラント語の愛の告白文句まで、恋する言葉をセットにしました。

kvina ラブレターテンプレート ¥ 1,944
お問いあわせ
このページすべて
CLASKA Gallery&Shop "DO"
http://www.claska.com

[EXHIBITION]
CLASKA Gallery&Shop "DO" 渋谷パルコ店 2012

CHAPTER 4

応用編
Advanced
SPERTULA

デートには、ただのひとつとして同じデートは存在しません。
この世のことごとくと同様に、
そのひとつひとつ、一度一度の会話は、すべては、
決して繰りかえすことのできない、大切なもの。
街角でした喧嘩も、改札口でのキスも、
電話越しの意地悪も、泣きながら駆けた夜も
この地球で、世界がはじまってからの
壮大な歴史のなかで、二度とはない奇跡的な瞬間なのです。

たった一度きりのわたしたちの人生。
わたしたちは、わたしたちのときを、
いまここに、手にしているのです。
ほら、その手をつないで。
恋をしよう。
さあ、これからめくるめくデートの世界が
わたしたちを待っています。

○○とデート
Dating X
Rendevuado kun X

もしもあの人とのデートの夢が叶うなら。
やってみたいなあんなことやこんなこと。
目を閉じて、想像してみて、それからゆっくり目を開いたら……。
というわけで、わたしたちの夢のデートをコースでご紹介。

明治生まれの文豪。本名は金之助。著書は『吾輩は猫である』『坊っちゃん』『こゝろ』など。イギリス留学経験有。神経衰弱と胃潰瘍もち。

夏目漱石

文豪、漱石先生との熱い夜

待ちあわせは猫の家で
→ MAP P127-25 ①

漱石先生との待ちあわせはご自宅跡に伺いましょう。文京区の通称「猫の家」。なんとかつて森鷗外先生もお住まいになっていたとか。イギリスから帰国後3年間暮らし、東京大学で教鞭をとりながら処女小説『吾輩は猫である』を書き上げた伝説の地。

三四郎池のほとりで
→ MAP P127-25 ③④

東京大学構内にある三四郎池を散歩しながら先生と語らいを。春日門すぐそばにあるDaiwaユビキタス学術研究館の1階、厨菓子「くろぎ」でコーヒーと和菓子のひとやすみもお忘れなく。湯島にある「くろぎ」本店はミシュランの星も獲得したことがある東京でもっとも予約が取れない店だそう。学問と和の美食がひとところに終結した贅沢です。

精養軒でお夕食
→ MAP P127-26 ③

先生の『三四郎』にも登場する洋食店、精養軒で夕食を。創業は1872年。フランス料理、いや、日本における西洋料理の起源といっても過言ではありません。そこを訪ねると、谷崎潤一郎、島崎藤村などの文豪から、岩倉具視、伊藤博文ら政治家の先生たちにも会えるかも。

スパで入浴
→ MAP P123-15 ①

食事の後は、後楽園、スパ ラクーアのお湯に浸かりましょう。修善寺での大吐血を経験なさった先生の胃潰瘍もこの療養で治りますように。ヒーリングバーデの低温サウナでくつろいで、眼前にひろがる夜の遊園地を見わたしながら、極上の癒しタイムと熱い夜を。

アイルランド人の小説家ブラム・ストーカーによる古典怪奇小説『ドラキュラ』で生まれた吸血鬼。好きなものは血と黒色。苦手なものは十字架とニンニク。活動期間は日没から日の出まで、夜が明けるとともに眠る。

ドラキュラ伯爵

ランデヴーラウンジで会いましょう
→ MAP P125-20 ⑨

ドラキュラ様は、なぜだか夜しか会ってくれないの。日が落ちる頃に、日比谷の帝国ホテル東京のランデヴーラウンジ・バーで待ちあわせ。彼の大好きなバラがブレンドされたハーブティ、タンドレスをいただきます。彼はバラも食べるらしい。

夜しか会えない彼とランデヴー♡

カーディナルで乾杯
→ MAP P125-21 ②

薄闇につつまれる頃、数寄屋橋交差点Sony Buildingのなかにある1966年創業のロンドンパブ、B.C.T. バー・カーディナル・トーキョーへ。赤い布を貼ったクラシックなソファーのある薄暗い店内に、彼も大満足。グリーンオリーブをつまみながら、血を思わせる真っ赤なレッドアイで夜に乾杯！

青山霊園をお散歩
→ MAP P119 ⑧

すっかり日も落ちたころ、銀座線で外苑前へ移動。次の予定まで時間があるので、彼のヒーリングスポット青山霊園をお散歩。木々がたくさんでお散歩にぴったり。忠犬ハチ公のご主人様のお墓の横にハチ公の碑を見つけてキュンとします。

暗闇のなかで……
→ MAP P120-2 ①

今宵のクライマックス、ダイアログ・イン・ザ・ダーク東京外苑前会場。完全に光を遮断した真っ暗闇の世界を、暗闇のエキスパートのアテンドで体験します。視覚以外の感覚で会話や音、香りを楽しんでいたら、ミステリアスな彼に少し近づけた気分。

オスカル・フランソワ・ド・ジャルジェ。伯爵家に娘として生まれたが男として育てられ、後にフランス革命に参加。マリー・アントワネットから寵愛を受けるほか、男女問わず想いを寄せるもの多数。詳しくは池田理代子先生によるマンガ『ベルサイユのばら』を。
©池田理代子プロダクション

オスカル

ブランジェリーで待っています
→ MAP P125-20 ⑬

憧れのオスカル様との待ちあわせにサロン・ド・テの歴史的存在ラデュレはいかがでしょう。1862年、パリのロワイヤル店通り16番地にブランジェリー店として花開いたかの店は、東京銀座三越デパートの2階にもございます。ラデュレ銀座店サロン・ド・テでマカロンフリュイルージュをいただきましょう。

"ばら"のように儚くも強く美しく華麗な時間

馬を追いかけて
→ MAP P125-20 ⑩

馬の文様が目印の銀座メゾンエルメスへ。お買いものをすませたら8階へ。かつてシャネット・カーディフ＆ジョージ・ビュレス・ミラーなどの展示も行われた珠玉のギャラリー。昔もいまも目利きのパトロンたちとアートは親密なもの。10階にある予約制のミニシアターで上質な映画を見るのもいいでしょう。

レビューを一緒に
→ MAP P125-20 ⑥

見逃すわけにはいかないのは東京宝塚劇場の宝塚歌劇団の公演です。いわずもがな見るべきは『ベルサイユのばら―オスカル編―』ですが、もちろん時節にあわせた演目も。1914年以来続く歌劇団、その壮観なレヴューの迫力と、タカラジェンヌの美しさにはオスカル様すら目も心も奪われる!?

夕食は幼鴨のロースト（ディネ）
→ P123-14 ④

最後はホテルニューオータニのトゥールダルジャンでフランスの古き時代を懐かしみつつディネ（夕食）を。1582年セーヌ河畔サンルイ島に起源をもつパリ本店、かつてのお得意様は国王アンリ3世（！）というグランメゾン。その名の意は「銀の塔」。1羽1羽ナンバリングされた幼鴨のローストを食し、赤ワインで乾杯。

誰もが認める不世出の天才ミュージシャン、キング・オブ・ポップ！1969年ジャクソン5のメンバーとしてメジャーデビューし、2009年に没してからもなおニューアルバムがリリースされるなど、活動歴は今年で46年目!?

マイケル・ジャクソン

ティーンみたいな初恋デート♡♡

スターのお買もの
→ MAP P125-20⑯

おもちゃやキャラクターグッズに目がない彼と、1869年創業の銀座博品館TOYO PARKで待ちあわせ。めずらしい油圧式エレベーターにのって、地下1階から地上4階までショッピング。今日はお忍びデートだけれど、スターの彼は、博品館を貸し切りでお買いものをしたこともあるらしい。

フライドチキンとペプシでランチ
→ MAP P125-20⑱

マイケルの大好きなケンタッキーフライドチキンでティーンみたいなファストフードランチ。オリジナルチキンとチキンフィレサンド、コールスロー、ポテト、そして彼がCM出演していたペプシ・コーラで、わたしたちにはパーフェクトなランチ！

お台場で夢みる午後
→ MAP P124-19③①

ゆりかもめでお台場海浜公園へ。おだいばビーチの砂浜で、砂のお城をつくりながら夢を語りあったあと、1835年にロンドンで開業した蝋人形館の東京館、マダム タッソー東京へ。ここにはダ・ヴィンチやアインシュタイン、マドンナやレディー・ガガ、そしてマイケルの蝋人形も！もちろん3人で記念撮影。

映画を観ながらポップコーン
→ MAP P124-19②

さすがはエンターテイナー、映画もとっても詳しい彼。彼のダンスは、アステアやチャップリンにも影響を受けているのだそう。というわけで、デートの最後はお台場シネマメディアージュへ。売店でポップコーンとキャンディ、コーヒーを買って、いざ映画鑑賞へ！

フランス、マルセイユ出身。アルピニスト、名ガイドとしてアルプスで活躍するにとどまらず、山の詩人として映画や多くの著書を通して、山の魅力を伝える。山岳映画3部作に『星と嵐』『天と地の間に』『星にのばされたザイル』。

ガストン・レビュッファ

山の詩人と歩く東京の街

穂高のコーヒーを飲みながら
→ MAP P126-24①

待ちあわせはお茶の水駅前の喫茶穂高で。緊張ぎみだったけれど、山小屋のようなあたたかいお店の雰囲気のおかげで、憧れの彼との距離も徐々に縮まりそうな予感。コーヒーとトーストでゆったりと朝食をとるうちに、東京の街の喧噪はどこかへと消え、気分はアルプスへ。

山岳ブックハンティング
→ MAP P126-24④

はじめて彼に会ったのはここ、悠久堂書店でした。2階の山岳本コーナーにあった『万年雪の王国』という本のなかにその姿を見つけたのです。今日はふたりで思い出の店を訪れます。1915年創業の古書店で、山の詩人とよばれる彼がどんな本を手にとるのか、興味津々。

登山用品をショッピング
→ MAP P126-24③

いつもはニット＆ニッカボッカ姿で、ハイテクな山ギアとは無縁の彼。でもせっかくの東京だからと、創業50年になる登山用品店、ICI石井スポーツ登山本店に案内。ザックや靴、クライミング用品のコーナーを隅から隅まで物色していたら、わたしのことはそっちのけで店員さんと山談義。

山の上のビアガーデンへ
→ MAP P126-24②

坂道をあがっていくと、目に飛びこむ「HILLTOP」の文字。宿泊もやっぱり山の上ホテル。チェックインして、ホテルでゆっくりと過ごす。コーヒーパーラーヒルトップであつあつの小海老のマカロニグラタンを頬ばり、軽めの夕食をすませたら、夏の夜のしめくくりは屋上の「山の上ビアガーデン」で乾杯！

太陽系を遠く離れた星からアメリカのとある森にやってきた宇宙人。ぎょろっとした大きな目、しわしわの茶色い皮膚、大きな頭に長い首、その奇妙な見た目とは裏腹に、優しく繊細で、お茶目な人柄。

E.T.

遠くの星に想いを馳せるロマンティックデート

ピッツェリアで
→ MAP P124-16②

彼がはじめて地球人と遭遇したきっかけがピザ（宅配）だったことにちなんで、待ちあわせは、東京ミッドタウン近くのFREY's Famous Pizzeria にて。絶品の三つ編みモッツァレラのカプレーゼに舌鼓を打ちながら、地球で経験したエピソードでもりあがります。あつあつマルゲリータが焼きあがったら、いただきます！

電動自転車にのって
→ MAP P124-16⑤

東京ミッドタウンから地下道を歩いて六本木ヒルズにむかい、港区自転車シェアリングで電動自転車を借ります。もちろん、E.T. は彼の指定席、前カゴのなかへ。日よけの白いストールを巻いてあげて、六本木通りをいざ、サイクリング！

森林緑地の森で
→ MAP P119⑩

地球の植物研究に打ちこむ彼のために、白金の附属自然教育園へ。彼の熱心な解説を聞きながら園内の植物をたっぷりと楽しみます。小川の音や、虫の鳴き声を聞いていると、ここが都会ということをすっかり忘れてしまいそう。森の小道をゆっくり進んでいくと、彼は急に無口に。地球に降り立った日のことを思いだしているのかもしれません。

星空の下で
→ MAP P124-18①

ホームシックになってしまった彼を元気づけるために、満点の星空の下、プラネタリムBARで乾杯を。しばし、遠い星の彼方へと想像をひろげます。彼の手を握ると、考えていることが伝わってくるよう。突如、生まれ故郷に帰ると決めた彼とともに、宇宙船にのって、そのまま宇宙へ旅立ちましょう。

COLUMN

四季のスポーツランデブー
Sporting Dates for Four Seasons
Sportorendevuoj dum Kvar Sezonoj

春
テニス

春風にのって
黄色いボールを追いかけよう

春爛漫！ 浮かれ気分が止まらない。ああ、春風にのって、駆けだしたい！ いっそボールを追いかけない!? というわけで、品川プリンスホテル内にある高輪テニスセンターへ。鮮やかな緑の人工芝で、お天気に左右されずプレーを楽しめます。カップルには独立型コートもおすすめ。恋の駆け引きもマッチポイント！

**品川プリンスホテル
高輪テニスセンター**

料金：貸コート ¥5,700～18,000／時間
ラケット、シューズほかレンタル（有料）あり
東京都港区高輪4-10-30
TEL：03-3441-0020
http://www.princehotels.co.jp/
shinagawa/sports/tennis/
→ MAP P124-17①

真夏の太陽にヒットを放て！

夏も本番！ 毎日の甲子園ニュースも夏の風物詩。はじめて一緒に過ごす夏休みはもりあがるよね。青空にひろがる入道雲にホームランを打ちこみたい！ そんな気分で駆けつけた新宿バッティングセンター。野球部だったあの人は最速の130km/hをフルスイング！

新宿バッティングセンター

料金：26球 ¥300
東京都新宿区歌舞伎町2-21-13
TEL：03-3200-2478
→ MAP P122-7②

夏
バッティングセンター

ときには外に飛びだして、季節を感じながらスポーティなデートを！
東京で楽しめる春、夏、秋、冬のおすすめスポーツをご案内。
ときめく鼓動がさらに高なるデートです。
テニスコートでフィフティーンラブ♡

秋
乗馬

お馬にのって
なかよしこよし♡

天高く馬肥ゆる秋。空気も澄んだこの季節には馬が似あう。そんなわけで、公園の落ち葉をさくさく踏みしめ、東京乗馬倶楽部へ。まったくの初心者でも楽しく乗馬レッスンを体験できる。馬となかよくなれたら、ふたりで乗馬ライフをはじめてみよう。

東京乗馬倶楽部
料金：乗馬体験 平日 ¥5,700 / 土日祝 ¥6,700
（ともに1回限りの利用）
東京都渋谷区代々木神園町4-8
TEL：03-3370-0984
http://www.tokyo-rc.or.jp/
→ MAP P118 ⑫

冬
スケート

氷上にスケート靴できざむ
恋の軌跡!?

冬将軍がやってきた。寒いけれどイベントももりだくさんの冬は恋ももりあがるね。いまこそ、憧れのスケートデートを実現しなくっちゃ！ 冬季限定、東京スカイツリータウン®の屋外スケートリンクへでかけましょ。氷上の恋人をきどってクルクルと。

東京スカイツリータウン®
アイススケート
東京都墨田区押上1-1-2
TEL：0570-55-0102
（東京ソラマチコールセンター）
http://www.tokyo-solamachi.jp/
2015年度の開催は未定です
→ MAP P119 ①

秋葉原　恋する惑星

Akihabara Love Express
Akihabara Amdramo

ネオンライトが輝く電気街。
アジアの夕暮れに繰りひろげられる恋の駆け引きに、
LINEの返信ひとつにやきもきするのはもうやめて、
もどかしさにだって身をまかせてみてもいいじゃない？
片想いしたり、すれ違ったり、追いかけたり、追われたり。

太陽系をめぐる惑星地球で
今日も光り輝く秋葉原の街
その軌跡を見わたしてみましょう。

書泉ブックタワー
（展望フロア）
駅の近くにそびえる9階建てのブックタワー。
その最上階からは秋葉原の街を一望できます。

電気街のはじまりは、第二次世界大戦後、闇市で電機学校（現在の東京電機大学）の学生に真空管やラジオ部品などを販売していた店たちがガード下に集まったこと、といわれています。1950年頃には神田小川町から神田須田町界隈の露天120軒のうち約50軒がもう電器商だったそう。

LABI秋葉原パソコン館
（エスカレーター）
近未来的で透明チューブ状のエスカレーターが特徴的な大型電機店。電気街口をでたすぐの場所にあります。

秋葉原はかつて青果市場の街でもありました。神田川沿いに船で運ばれた野菜や果物が荷揚げされていたことから江戸時代にはじまった神田青果市場は、1928年に神田から貨物駅秋葉原の駅前に移転してきました。1975年に貨物駅が廃駅になり、1989年に青果市場も移転してしまうまでは、そこで働く人たちのための食堂やラーメン店でにぎわっていたといいます。

九州じゃんがららあめん
秋葉原本店
電機店でラーメンマップが配られたこともあるほどラーメン激戦区ともいわれる秋葉原にその名を轟かすお店。

アメリカでアップルがマッキントッシュを、マイクロソフトがWindows3.0を、日本では日本IBMがOSのDOS/Vを発表し、パソコンブームがはじまります。それにしたがい秋葉原も「パソコンの街」になりますが、1990年代からはゲームソフトを皮切りに、フィギュア、アニメなどの店が増えはじめ、マンガの街としても栄えはじめました。いまでは日本のポップカルチャーの「聖地」です。

まんだらけコンプレックス
マンガはもとよりあらゆる好きの気持ちを満たしてくれる、日本が誇るカルチャーの殿堂。

マーチエキュート神田万世橋
神田川に架かるアーチ橋のひとつ、かつての「万世橋駅」だったこの場所に、カフェやショップたちができました。

秋葉原駅が開設されたのは1890年のこと。日本鉄道、上野から伸びた秋葉原線貨物駅でした。神田川に面したこの地は江戸時代から流通でにぎわいつづけ、後に東京の貨物駅では、隅田川駅に次ぐ2位の貨物取り扱い量を誇ったほどでした。ちなみに1912年には中央線万世橋駅もできましたが、1943年には休止駅になりました。

手拍子タタタン、タタタン、タタタン、タン。3331は江戸の一本締めのリズムです。3回の手拍子を3回繰りかえして「九＝苦」を表し、最後の1回で「九」に1画を足した「丸」を表わし苦を払うというい伝えがあるのだとか。

3331 Arts Chiyoda
外神田に位置するこのスペースには地域の人や若者たちも出入りしています。その名も江戸の縁起をかついでいます。

参考：「秋葉原の歴史〜ＡＫストーリー〜」（秋葉原電気街振興会 HP）

秋葉原　恋する惑星

ふたりはそれぞれ本を抱えて
街を見る　夢を見る　惑星を見る
書泉ブックタワー

展望休憩室もある9階は「アイドルイベントの聖地」でもあるそう。SFやコミックなど趣味の本の品揃えが充実し、ファン多数。本店は、かの神保町書泉グランデ。大好きな本を抱きしめて見わたす夜の街は、どんな光景に映る？

東京都千代田区神田佐久間町1-11-1
TEL: 03-5296-0051
https://www.shosen.co.jp/
→ MAP P126-23 ⑤

後ろ姿を追いかけてエスカレーターを
駆けあがったら　そこは電機店
LABI秋葉原パソコン館

蛍光灯の眩しい光の店内は、パソコンはもとより、デジタルカメラ、プリンタ、周辺機器など充実の品揃え。ちなみに群馬県を地盤とする家電販売チェーン店LABIの名は「LIFE ABILITY SUPPLY」の略だそう。最新機器と一緒に恋も探索してみては。

東京都千代田区外神田1-15-8
TEL: 03-5207-6711
http://www.yamadalabi.com/
→ MAP P126-23 ④

夜のカウンター
暖簾のむこうできっと会えたらいいのに
一緒に食べたい全部いり
九州じゃんがららあめん
秋葉原本店

豚骨系ラーメンの店。そもそもは子どもたちのための学習塾「ブルカン塾」の運営基盤を整えるため、昼はラーメン、夜は塾！　というスタイルからはじまったそう。デートの際は、あっさり「九州じゃんがら」と、とろ〜りこってり「ぼんしゃん」をふたりでわけあう、がおすすめです。

東京都千代田区外神田3-11-6
TEL: 03-3251-4059
http://www.kyusyujangara.co.jp/
→ MAP P126-23 ②

マンガの棚の間で隠れんぼ
セル画みたいに心が透けて見えたら
まんだらけコンプレックス

はじまりは1980年、『ガロ』でデビューしていた漫画家の古川益三氏が中野ブロードウェイにマンガ専門の古書店「まんだらけ」を開店したことだとか。コミックが大充実なのはもちろんのこと、おもちゃ、ゲームから貴重なセル画などファン垂涎の品々が並ぶ。そんなマンガの棚にときめいて、だれかともしも手が触れあったなら……。

東京都千代田区外神田3-11-12
TEL: 03-3252-7007
http://www.mandarake.co.jp/
→ MAP P126-23 ③

電車が通りすぎていく
ふたりはすれ違ってはまた出会う
マーチエキュート神田万世橋

階段、壁面など旧万世橋駅の高架を活かした赤煉瓦のアーチのなかには、インテリアショップやカフェ、レストランなどが並びます。旧万世橋駅ホーム跡につくられたカフェ、N3331の両脇からは走る電車がこんなにも間近に！　きっとふたりの心ももっと近づくはず。

東京都千代田区神田須田町1-25-4
TEL: 03-3257-8910
http://www.maach-ecute.jp/
→ MAP P126-23 ⑥

中学生の頃の気持ち
いまの気持ち　ふたりはここに
3331 Arts Chiyoda

千代田区立旧練成中学校の校舎をリノベーション、アーティストである中村政人が統括ディレクターを務めるこのスペースは、シェアオフィス、イベントなどにも使われています。アーティストの宇川直宏による昨年の「DOMMUNE UNIVERSITY OF THE ARTS」をはじめ、先鋭的でおもしろいことや新たな出会いが起こる場所。イベントや展示情報をチェックして訪れて。

東京都千代田区外神田6-11-14
TEL: 03-6803-2441
http://www.3331.jp/
→ MAP P126-23 ①

秋葉原という名は、火災が多かったこの地に勧請された火防の神様、秋葉大権現「秋葉社」にはじまります。

COLUMN

巨匠と一杯
A Drink with the Masters
Taso kun la Majstroj

夜が更けて、あのバーで、あのグラスを傾けたら……タイムスリップ!?
隣の席では、まだ若かりし日の、あの巨匠たちが飲んでいました。
いまも昔も輝かしいあのバーで、特別な1杯をご一緒させていただきましょう。
今夜は、帰らないで。

デンキブラン

カウンターでチケットを買って、浅草の神谷バー（MAP P127-27①）のデンキブランをひと口含めば……。デンキブランとは、ブランデーベースのカクテルでアルコール度数はなんと30度。隣を見ると、作家の太宰治先生が。そして離れた場所でたったひとりでお酒を飲んでいるのは、詩人の萩原朔太郎先生です。この怪しくも美しい琥珀色の飲みものを傾けながら『人間失格』のお話をしましょう。まるで電気のようにハイカラで痺れる夜になるでしょう。

ゴールデンフィズ

銀座の小道にひっそり佇むバー、ルパン（MAP P125-20⑪）へ足を踏みいれ、ゴールデンフィズ（卵黄をいれたジンフィズ）を飲みほせば、カウンターで同じお酒を飲んでいらっしゃるのは無頼派作家、坂口安吾先生ではありませんか。見わたすと店内は大勢の文士、アーティスト、文化人の方たちでいっぱいです。「あの顔は！」と思えば芸術家の岡本太郎先生、パリ帰りのレオナール・フジタ先生まで!?……興奮冷めやらぬ夜は終わりません。

パスティス

新宿ゴールデン街の一角、ほの暗い急な階段をのぼると、そこはとても小さな一間のバー。シネフィルたちが通うというこのバー、ジュテ（MAP P122-7③）でヌーヴェルバーグに想いを馳せつつパスティスを飲んでいると、気づけばまわりにはヴェンダース、タランティーノ、カーウァイ、ジャームッシュ監督が！　夜が更けるまで、映画談義に花をさかせる彼ら。わたしはサントリーウィスキーをちびちびやりながら、こっそり話を聞くのでした。

ウォッカ・トニック

紀伊国屋書店 新宿本店の裏手の地下、和田誠によるロゴデザインの看板が目印のジャズ喫茶DUG（MAP P122-7④）でウォッカ・トニックを飲んでいたら……村上春樹先生ならぬ、『ノルウェイの森』のワタナベくんと緑ちゃんがそこに。思わずふたりの会話に耳をそばだてると、緑ちゃんは、たまに世のなかが辛くなると、この店でウォッカ・トニックを召し上がるのだそう。心地よいジャズのリズムと雰囲気に、夜の時間はゆっくりと流れていきます。

サッポロ赤星ラガービール

自由が丘駅近く、まわりとは一線を画した風情ある佇まいの居酒屋、金田（MAP P121-5①）ののれんをくぐり、サッポロ赤星ビールをオーダー。ひと息ついてカウンター客をぼんやり見ていたら、あっ、あれは伊丹十三監督ではないか！　少し離れたところには作家の吉行淳之介先生、さらに奥には山口瞳先生も！　みんなごやかに楽しそうに飲んでいらっしゃる。文学談義とお酒談義が交錯する、なんとも楽しい酒場の夜です。

ホテルパラダイス
HOTEL PARADISE
HOTELO PARADIZO

南の島まで行く時間がなくても、大都会の真ん中には人知れず優雅なヴァカンスタイムが流れています。ふたりで一緒に、ホテルのエントランスへ足を踏みいれてみましょう。ほら、ね。あたりを見まわせば、もうそこは、パラダイス。

CHECK-IN

ようこそホテルパラダイスへ。こちらはわたしたちの夢のホテルです。一歩足を踏みいれれば、そこはもう別世界。さあ、チェックインいただくまえに、ホテルパラダイスでのデートの楽しみ方を、ほんのちょっぴりご紹介いたしましょう。

POOL

ボーイが運んできたトロピカルカクテルを飲みほしたら、プールサイドで夏の魔法にかかるのかしら。そうしたらふたりで人魚みたいに泳げそうだね。プールのあとは、肌を焦がすように照らす太陽を浴びましょう。

AFTERNOON TEA
クラシックが小さく流れるラウンジのソファーで夢心地。まずはキュウリのサンドイッチから。マカロンはどっちにする？ わたしはイチゴ味からいただくわ。外の暑さも忘れて、時間がゆったり流れる夏の午後。

SHOPPING
素敵なスーベニールショップが目に入ったら、素通りなんてできないね。おいしい食材、きれいな器に、ホテルのオリジナルグッズ。これぞというお土産をもちかえって、パラダイスのお裾わけをしなくっちゃ。

BREAKFAST
たっぷり眠った朝、まだのぼりきっていない太陽をあびながらテラスでいただく朝食は、ひまわりのような明るい気分にさせてくれる。焼きたてパンにフレッシュジュース、玉子料理。もうちょっと日がのぼるまで、コーヒーのおかわりを頼みましょ。

LOUNGE

クーラーの効いた、水と緑を感じるラウンジ。ガラス窓のむこうは夏の夕暮れだけど、ここにいたら蝉の声も追いかけてこない。さあ、夏休みももうすこし。スイカのカクテルを飲みながら、流れるジャズに耳を傾けよう。

東京にあるパラダイス、こちらになります。
どんなに忙しいときだって、夏がやってくるのはまだだとしたって、
デートでヴァカンスしてもいいじゃない？

BREAKFAST

パレスホテル東京 グランド キッチン

朝の陽の光が燦々と降りそそぎ、お堀に面したテラス席に腰かければ、緑が鮮やかな対岸はまさにパレス！　幸運な日には泳ぐ白鳥にも会えるでしょう。フレッシュジュースは何を選ぼうかしら？　クロワッサン？　それともグラノーラ？　お姫様気分の朝のはじまりです。

朝食 ¥2,500〜
東京都千代田区丸の内 1-1-1
TEL: 03-3211-5211
http://www.palacehoteltokyo.com/
→ MAP P125-21 ①

POOL

ホテル椿山荘東京 スパ

森のようにひろがる庭園内に佇むホテル。四季折々の景観が楽しめ、夏には庭園内に流れる沢を優雅に舞う蛍の光も楽しめる。〈悠 YU, THE SPA〉には開閉式の天井をもつ全天候型温水プールもあり、東京にいながらヴァカンス気分100％。

プール、温水、フィットネスジム
利用料金：大人1名¥4,320
（会員・宿泊客のみ利用可）
東京都文京区関口2-10-8
TEL: 03-3943-1111
http://hotel-chinzanso-tokyo.jp/
→ MAP P123-12 ①

AFTERNOON TEA

ザ・リッツ・カールトン東京 ザ・ロビーラウンジ＆バー

六本木に高くそびえる東京ミッドタウン。優雅なアフタヌーンティを楽しみたいなら、その45階へどうぞ。東京タワーや街並をながめていると、3段ものティースタンドが運ばれてきます。スコーンやサンドウィッチ、プチフールなどを頬ばり、幸せな午後の時間。

アフタヌーンティー ¥4,000〜
（サービス料別）
東京都港区赤坂 9-7-1
東京ミッドタウン
TEL: 03-3423-8000
http://www.ritzcarlton.com/ja/
Properties/Tokyo/Default.htm
→ MAP P124-16 ①

LOUNGE

シェラトン都ホテル東京 ロビーラウンジ バンブー

都心にありながら、緑に囲まれた静かで上質な大人のホテル。ロビーラウンジバンブーの大きな窓からはその緑が存分に楽しめ、森林浴気分でゆったりと過ごせる。バータイムになったら、ジャズの生演奏に耳を傾けながら、季節の飲みものやカクテルで夏休みを満喫。

ドリンク ¥1,000〜、フード ¥500〜
（ともにサービス料込）
東京都港区白金台 1-1-50
TEL: 03-3447-3111
http://www.miyakohotels.ne.jp/tokyo
→ MAP P119 ⑨

SHOPPING

CLASKA Gallery & Shop "DO"

ホテルCLASKA内にあるライフスタイルショップ。手仕事の伝統工芸品から現代のプロダクト、オリジナルグッズまで幅広いセレクションです。おすすめはドーの白だるま。真っ白なだるまにこれからのふたりの未来を描いてみては。お土産にもおすすめです。

ドーの白だるまセット ¥2,592
東京都目黒区中央町 1-3-18
TEL: 03-3719-8124
http://www.claska.com/
→ MAP P121-4 ①

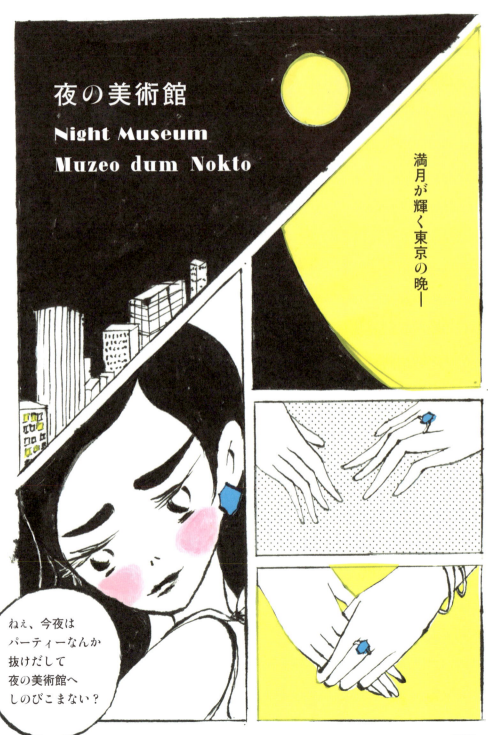

*ギュスターヴ・クールベ《眠れる裸婦》(1858) ⓒ 国立西洋美術館

*萬鉄五郎《裸体美人》(1912)、重要文化財
東京国立近代美術館

* 須田悦弘《此レハ飲水ニ非ズ》(2001・部分) 原美術館

あなたって
鈍感なのね

*「開館20周年記念 MOTコレクション特別企画 クロニクル1995-」
より森千裕、金氏徹平、加藤泉、泉太郎展示風景、撮影:椎木静寧、東京都現代美術館

わたしが

夜の美術館で

106

——そうよ、あなたの心ってこと

月たち星たち
すべての美しいものたちよ
今宵はおやすみなさい

*オディロン・ルドン
《グラン・ブーケ（大きな花束）》（1901）、
三菱一号館美術館

夜の美術館
Night Museum
Muzeo dum Nokto

さて、あなたは夜の美術館でいったいなにを盗むのかしら？
心？　それとも……!?
一番のお気にいりを見つけに、月夜の晩にでかけましょう。

森美術館

壮観な夜景がひろがる六本木ヒルズ53階で壮大な現代美術にも恋をして！　ビル・ヴィオラ、イリヤ＆エミリア・カバコフなどの名だたる大御所から若手や、異ジャンルのアーティストたちを交えた企画展まで、現代美術はきっとデートにも刺激をもたらしてくれるはず。

入館料：一般 ¥1,800ほか
東京都港区六本木6-10-1 六本木ヒルズ森タワー53F
TEL: 03-5777-8600（ハローダイヤル）
http://www.mori.art.museum/
月・水〜日 10:00-22:00
→ MAP P124-16⑦

国立西洋美術館

彫刻家ロダンの《考える人》、画家モネの《睡蓮》など誰もが一度は目にしたことがある名作絵画や彫刻を、実際に目の前にするデートは格別でしょう。建築家ル・コルビュジエの設計した本館で、近代フランスを中心にした豪華作品の数々、その美に触れて。

入館料：常設展 一般 ¥430（企画展は別途）
東京都台東区上野公園7-7
TEL: 03-5777-8600（ハローダイヤル）
http://www.nmwa.go.jp/
金 9:30〜20:00
→ MAP P127-26②

東京国立近代美術館

絵画や写真やビデオインスタレーション、明治時代後半から現代美術作品まで1万2000点以上におよぶ膨大なコレクションのなかから鮮やかかつ鋭い切り口で魅せる所蔵作品展は圧巻。展示を見終わってもおしゃべりは終わらないかも。

入館料：所蔵作品展 一般 ¥430
東京都千代田区北の丸公園3-1
TEL: 03-5777-8600（ハローダイヤル）
http://www.momat.go.jp/
金 10:00〜20:00
→ MAP P119④

夜まで開館している曜日と時間のみを掲載しています。通常の開館時間や休館日などはご確認のうえお出かけください。いずれも入館は閉館時間の30分前までに。

原美術館

品川・御殿山の丘の上のこぢんまりとした元邸宅で、センスあふれる現代美術の逸品を。点在するインスタレーションや庭にある作品をひとつひとつ一緒にめぐりながら、次の休日には、群馬県渋川市にある別館、ハラミュージアムアークへ遠出する約束をするのもよいでしょう。

入館料：一般 ¥1,100
東京都品川区北品川4-7-25
TEL: 03-3445-0651
http://www.haramuseum.or.jp/
水（祝日を除く）11:00〜20:00
→ MAP P124-17 ②

東京都現代美術館

木場公園の隣にある広大な空間で現代美術に触れるデートを。アンディ・ウォーホルなど現代美術の巨匠から若手作家の作品まで、コレクションを存分に堪能しましょう。現代のファッション、建築、アニメなど人気の企画展も要チェック。

観覧料：MOTコレクション展 一般 ¥500（企画展は別途設定）
東京都江東区三好4-1-1
TEL: 03-5245-4111
http://www.mot-art-museum.jp/
*2015年度の夜間延長開館については、上記HPをご確認ください。
→ MAP P119 ②

国立科学博物館

太古の生きものたちの化石や大型動物の剥製、宇宙線など自然放射線線を見る霧箱から、ロケット用ランチャーまで、科学への情熱と地球レベルの壮大な世界観とともにデートを楽しめるはず。日本館、鉱物のコレクションの石英（日本式双晶）はハート型。デートで探してみて。

入館料：常設展 一般 ¥620
東京都台東区上野公園7-20
TEL: 03-5777-8600（ハローダイヤル）
http://www.kahaku.go.jp/
金 9:00〜20:00
*展示リニューアルのため2015年7月頃まで地球館の一部を閉鎖中。
→ MAP P127-26 ①

提供：国立科学博物館

三菱一号館美術館

19世紀末にジョサイア・コンドルが設計した建物を復元した美術館。そのなかで、同時代の西洋美術を中心とする作品を鑑賞できるという至極の贅沢。階段の一部に残された当時の石材など、建物に残る歴史とともに世紀を超えるデートを満喫して。ミュージアムカフェバー、Café1894でも熱い夜を。

入館料：展覧会により異なる
東京都千代田区丸の内2-6-2
TEL: 03-5777-8600（ハローダイヤル）
http://mimt.jp/
金 10:00〜20:00（祝日除く）
→ MAP P125-21 ③

ベッドのなかの千夜一夜物語
One Thousand and One Nights in Bed
Mil kaj Unu Noktoj en Lito

夜が更けて深い闇があたりを包んでも、
ベッドのなかでのおしゃべりはやめないで。
ときには月明かりに照らされた本棚から本を取りだして、
ふたりで一緒に開いてみるのもよいでしょう。
大好きな書店さんから教えてもらった、
眠る前にふたりで一緒に読むのにおすすめの1冊を、
その魅力の理由とともにご紹介。

アレクサンドラミジェリンスカ／
ダニエルミジェリンスキ『MAPS』
（徳間書店）

書店員さんからのコメント
「『この国に行ってみたいね！』小さい頃、地図を見てワクワクした人も多いはず。この冬一緒に行く旅行先を選んでも楽しそう。会話がはずむこと間違いなしです」

往来堂書店
東京都文京区千駄木2-47-11
TEL：03-5685-0807
http://www.ohraido.com/
→ MAP P127-25②

下町情緒の残る街、千駄木の小さな書店。一見普通の書店なのに、一歩足を踏みいれると棚に並ぶただならぬ品揃えに引きずりこまれ、ついつい長居してしまう。「今度はこれを読んでみようよ」。

シャルル・フレジェ
『WILDER MANN』
（青幻舎）

書店員さんからのコメント
「ヨーロッパ諸国の古いお祭りに登場する獣人をおさめた伝統衣装の写真集。異国に想いをめぐらすもよし、ベッドでシーツや布団、ペットなどを駆使して獣人化するもよし」

かもめブックス
東京都新宿区矢来町123 第一矢来ビル1F
TEL：03-5228-5490
http://kamomebooks.jp/
→ MAP P123-14①

書籍校閲専門の会社・鴎来堂が運営する、神楽坂の「街の本屋さん」。新刊の良書をセレクトした棚づくりは、未知なる本との出合いをつくってくれる。カフェとギャラリーも併設。京都のおいしいコーヒー「WEEKENDERS COFFEE」を飲むことができる。

田中未知『質問』
（質問社）

書店員さんからのコメント
「1ページにひとつ『空の星をいくつまで数えたことがありますか』などの質問が記された本です。恋人たちは、この本でお互いのことをより深く知りあうことができます」

COW BOOKS
東京都目黒区青葉台1-14-11
コーポ青葉台#103
TEL：03-5459-1747
http://www.cowbooks.jp/
→ MAP P121-3②

中目黒の川沿いをデートで散歩して、店内に並ぶ、世界中から集められた古書に囲まれれば、心はいつだって自由に、どこまでも羽ばたけるのだと気づくはず。丁寧に選びぬかれた本棚をながめれば、時代も場所も越えた新たな発見と心の旅が待ち受けています。

『谷川俊太郎質問箱』
(東京糸井重里事務所)

書店員さんからのコメント
「みなさんから届いた質問に、谷川俊太郎さんが答えます。クスッと笑えるものや、考えさせられるものまで。ふたりでその質問をしあってみると、眠るのがもったいなくなるかも」

SHIBUYA PUBLISHING & BOOKSELLERS
東京都渋谷区神山町17-3 テラス神山1F
TEL: 03.5465.0588
http://www.shibuyabooks.net/
→ MAP P120-1 ①

夜も深まった時間でも灯りの消えない本屋さんが渋谷にあります。平日は24時まで営業しているので、デートのディナーで話題になった本もふたりで探しにいけます。ついつい目的とは違う本にまで手がのびてしまう、ブックセレクションです。

梶原恵／新島龍彦『silhouette シルエット』
(受注生産品)

書店員さんからのコメント
「光の当たり方や見る角度によって表情を変える仕かけ絵本を選びました。大切な誰かとふたり、この本をゆっくりめくりながら、それぞれの1日を振りかえる夜のひとときを楽しんでみませんか？」

パウロ・コエーリョ
『11分間』
(角川書店)

書店員さんからのコメント
「性交とは、神秘的で、悦びに満ち、美しいということを伝える1冊。一気に読めるので、寝不足にならないよう、休日前夜がおすすめです。その後の展開があるかもしれませんし」

B & B
東京都世田谷区北沢2-12-4 第2マツヤビル2F
TEL: TEL: 03-6450-8272
http://bookandbeer.com/
→ MAP P122-9 ①

下北沢駅からすぐ。新刊書をひととおりぐるりとながめてからおいしいビールを1杯。本とビールという魅惑の組みあわせもさることながら、この場所では作家や本にまつわるトークやイベントが毎日行なわれているので、デートでも繰りかえし訪れたいところ。

森岡書店
東京都中央区日本橋茅場町2-17-13
第2井上ビル305号
TEL: 03-3249-3456 http://moriokashoten.com/
→ MAP P125-22 ①

茅場町のクラシックなビルの階段をあがると、古本や写真集など、長らく古書店で働いていた目利きの店主によって厳選された本がディスプレイされています。書店の壁の一角はギャラリーになっているので、デートで開催中の展覧会を観にいくのもおすすめです。

ルーク・ステファンソン
『99×99s』
(Stephenson Press)

書店員さんからのコメント
「99（ナインティナイン）の名で知られるチョコバーつきソフトクリームと、ローカルな英国風景に佇むアイスクリームショップのポートレイト。ベッドでのアイスクリームは中毒になるほど危険で幸せ」

UTRECHT
東京都渋谷区神宮前5-36-6
ケーリーマンション2C
TEL: 03-6427-4041 http://utrecht.jp/
→ MAP P120-1, 2 ⑧

神宮前の裏通りにあるセレクトブックショップ。居心地よい店内には、国内外のアートやカルチャー本、アーティストのジンが並ぶ。ほかでは見つからない1冊にきっと出会えるはず。運がよければ洋菓子モームのお菓子もあるかも。

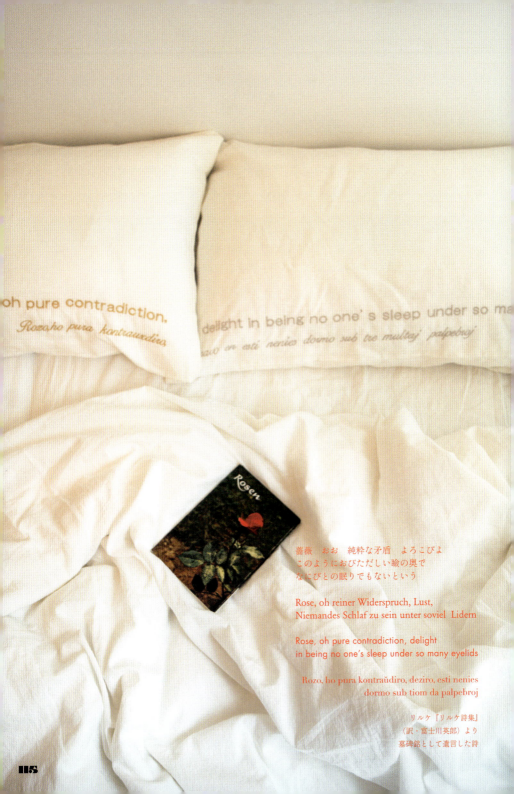

薔薇　おお　純粋な矛盾　よろこびよ
このようにおびただしい瞼の奥で
なにびとの眠りでもないという

Rose, oh reiner Widerspruch, Lust,
Niemandes Schlaf zu sein unter soviel Lidern

Rose, oh pure contradiction, delight
in being no one's sleep under so many eyelids

Rozo, ho pura kontraŭdiro, deziro, esti nenies
dormo sub tiom da palpebroj

リルケ『リルケ詩集』
（訳・富士川英郎）より
墓碑銘として遺言した時

おわりに

ここまでのことは、朝起きてから、
夜眠るまでの1日のことです。
こんな風にデートができたらいいな、こんな風に街を歩き、
こんな風に1日を過ごすことができたらいいな。
これは、わたしたちのデートの、東京の、夢でもあります。
はじめてデートしたあのときのこと。
待ちあわせ場所に着いたとき、寝癖ばかりが気になりました。
階段をおりるとき、アイスクリームが溶けました。
夜のエスカレーターを、駆けあがったね。
ベッドで眠り、ふたたび目を開ければ、
また新しい1日の朝がはじまり、
また新たなデートが、恋が、はじまります。

わたしたちは、この街に、恋をしています。
わたしたちは、恋人に、家族に、友達に、
いまおなじときを生きている、ひとりひとりの人たちに、
心から恋をしています。
わたしたちの恋する気持ちは満ちあふれ、
そんな気持ちを伝えたくて、
ラブレターのかわりにしたためたのが、この本です。

東京の街が、あたりまえに思える毎日が、
ほんのすこしだけ、あなたにとっても、楽しく輝かしく、
そして大切なものになれば嬉しいです。
あなたがあなたのデートを、あなたの恋を見つけるために、
もしもわたしたちのこの本がほんのすこしでも
役つことがあったなら、これ以上の幸せはありません。

あなたにすてきなデートと恋がありますように。

kvina

資料編
Appendix
ALDONO

東京デートマップ
Tokyo Love Map
Mapo de Amo en Tokio

東京広域

吉祥寺 P122
JR中央本線
高円寺 P122
環七通り
京王井の頭線
中央自動車道
京王線
⑫ 東京乗馬倶楽部
代々木八幡
⑬ NEWPORT
渋谷
下北沢 P122
駒場東大前 P122
⑭ 神代植物公園
調布
小田急小田原線
首都高速3号渋谷線
恵比寿
学芸大学 P121
駒沢大学 P121
自由が丘 P121
東急東横線

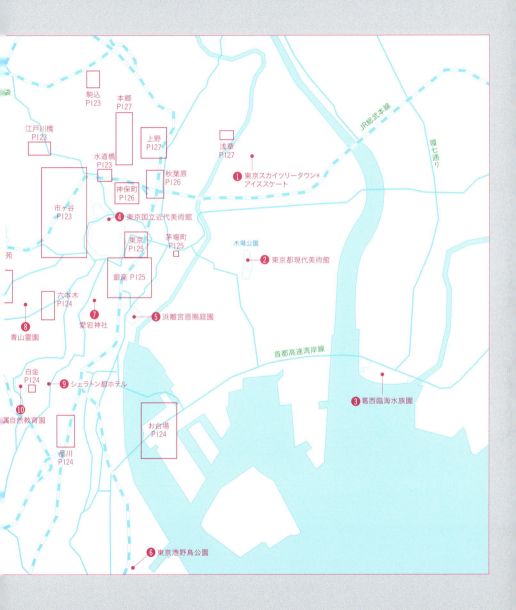

1. 渋谷

2. 表参道

3. 恵比寿・中目黒

4. 学芸大学

5. 自由が丘

6. 駒沢大学

7. 新宿

8. 駒場東大前

9. 下北沢

10. 高円寺

11. 吉祥寺

12. 江戸川橋

13. 駒込

14. 市ヶ谷

15. 水道橋

16. 六本木

17. 品川

18. 白金

19. お台場

20. 銀座

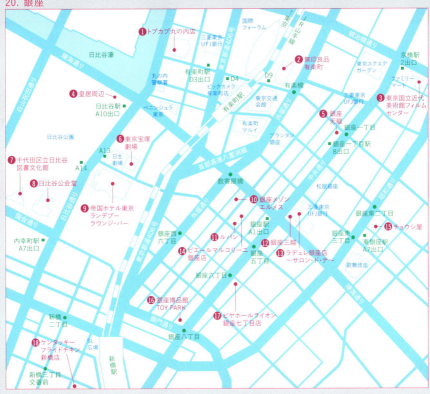

21. 東京

22. 茅場町

23. 秋葉原

24. 神保町

25. 本郷

26. 上野

27. 浅草

著者紹介

kvina（クビーナ）

小林エリカ（作家・漫画家）、田部井美奈（グラフィックデザイナー）、野川かさね（写真家）、前田ひさえ（イラストレーター）のクリエイティブユニット。kvinaとはエスペラント語で「5番目の」という意味。2010年春よりLIBRO de KVINA（リブロ デ クビーナ）としてLIBRO（＝本）をモチーフに、日本語・英語・エスペラント語の3ヶ国語でのパブリッシング、プロダクトデザイン、展示などを手がける。月に何度か開かれる朝食会でそれぞれのアイデアや夢を話しあいながらプロジェクトを進めている。著書は『Mi amas TOHOKU 東北が好き』ポストカードブック（リトルモア）ほか。

http://www.librodekvina.com

恋する東京
東京デートガイドブック

2015年3月31日　初版発行

著者・企画・AD・写真・イラスト・地図
kvina（小林エリカ＋田部井美奈＋野川かさね＋前田ひさえ）

編集	岡澤浩太郎
編集協力	小野裕子
モデル	momoco（カバー、P2〜5、24〜31、46、50、58、59、112）、綿貫大介（綴込冊子）
翻訳	クリーボ・レンドン、江口研一
撮影協力	西村亜希子
衣装・小物協力	ガイジン（カバー、P2〜5、46、50）、HYPER MARKET（P46、50）、meme（P24〜29）
協力	植田正、千葉薫、東山あかね、本間景子、松丸千枝、ミヤギフトシ、森智貴

発行人	今出央
編集人	稲盛有紀子
発行所	株式会社京阪神エルマガジン社 〒550-8575 大阪市西区江戸堀1-10-5 ☎ 06-6446-7718（販売） 〒104-0061 東京都中央区銀座1-7-17 ☎ 03-6273-7720（編集） www.Lmagazine.jp
印刷・製本	図書印刷株式会社

JASRAC出　1502199-501
© kvina 2015
Printed in Japan
ISBN 978-4-87435-461-2 C0026

乱丁・落丁本はお取替えいたします。
本書記事、写真、イラストの無断転載・複製を禁じます。